민주주의 새로를 책임지겠다는 다짐
나라 걱정에 잠 못드는 당신에게

KB215606

바라보면 보이는 것들 시리즈

나를 위해, 지난 세대를 위해, 미래 세대를 위해, 혹은 소중한 누군가를 위해 사회 문제를 함께 보고 생각합니다. 화제가 되는 사회 이슈의 본질이 무엇인지 이해하도록 돕거나 더 조명되어야 할 사회 문제를 알림으로 현재의 역사를 짧고 빠르게 기록합니다. 건강한 사회 생태계를 만드는 데 '바보 시리즈'가 돕겠습니다.

민주주의 새로를 책임지겠다는 다짐

초판1쇄 발행
2025년 4월 15일

지은이
양승광

펴낸이
김태영

펴낸곳
씽크스마트 책짓는 집

주소
경기도 고양시 덕양구
청초로 66
덕은리버워크 B-1403호

전화
02-323-5609

출판사 등록번호
제395-313000025
1002001000106호

ISBN
978-89-6529-451-1
(03330)

정가
17,000원

ⓒ 양승광

이 책을 만든 사람들

책임편집
김무영

편집
신재혁

홈페이지
www.tsbook.co.kr
인스타그램
@thinksmart.official
이메일
thinksmart@kakao.com

* **씽크스마트** 더 큰 생각으로 통하는 길
'더 큰 생각으로 통하는 길' 위에서 삶의 지혜를 모아 '인문교양, 자기계발, 자녀교육, 어린이 교양·학습, 정치사회, 취미생활' 등 다양한 분야의 도서를 출간합니다. 바람직한 교육관을 세우고 나다움의 힘을 기르며, 세상에서 소외된 부분을 바라봅니다. 첫 원고부터 책의 완성까지 늘 시대를 읽는 기획으로 책을 만들어, 넓고 깊은 생각으로 세상을 살아갈 수 있는 힘을 드리고자 합니다.

* **도서출판 큐** 더 쓸모 있는 책을 만나다
도서출판 큐는 울퉁불퉁한 현실에서 만나는 다양한 질문과 고민에 답하고자 만든 실용교양 임프린트입니다. 새로운 작가와 독자를 개척하며, 변화하는 세상 속에서 책의 쓸모를 키워갑니다. 흥겹게 춤추듯 시대의 변화에 맞는 '더 쓸모 있는 책'을 만들겠습니다.

자신만의 생각이나 이야기를 펼치고 싶은 당신. 책으로 사람들에게 전하고 싶은 아이디어나 원고를 메일(thinksmart@kakao.com)로 보내주세요. 씽크스마트는 당신의 소중한 원고를 기다리고 있습니다.

민주주의

서로를
책·임·지겠다는
다짐

양승광 지음

계엄 해제와 탄핵을 넘어 본래적 민주주의로

계엄의 풍경

"에이 뭐야. 누가 아저씨들 아니랄까봐, 썰렁하긴…."

2024년 12월 3일 밤, 카카오톡 단체방에 날아온 메시지 "비상 계엄이 선포되었습니다."에 내보인 첫 반응이었습니다. 하지만 대화들이 심상치 않습니다. 실화냐는 물음들과 동시에 윤석열 대통령의 담화 요약본이 올라왔습니다.

저는 "이 미친 X"라고 외치며 거실로 나가 TV를 켰고, 두 딸아이는 처음 보는 아빠 모습이 재미있기만 합니다. 작은 딸은 아빠가

욕한다며 엄마에게 고자질을 했으며, 큰 아이는 그 늦은 시간에 TV
가 켜진다는 것만으로 신났습니다.

아이들의 폭소와 다르게 사람들은 잠을 자지 못했습니다. 수
백 명의 시민들이 누가 뭐라 할 새도 없이 국회로 달려갔고, 국회로
가지 못한 사람들은 유튜브를 켜고 메신저 단체방에서 끝없이 이야
기를 나누었습니다. 우리는 다시 계엄을 겪는 세대가 되었습니다.

45년 만의 계엄. 쉰 전후인 제 기억에 45년 전의 계엄이 남아
있지는 않습니다. 엄밀히 말하자면 제 또래는 계엄으로 연장된 군부
독재의 잔불만을 겪었습니다. 잔불이라고는 하지만 그 풍경이 낭만
적이지는 않습니다. 시위대 중간의 깃발 위로, 도망가는 학생의 옆
으로 최루탄이 날아오곤 했습니다. 경찰의 토끼몰이를 피하다 사람
이 죽던 시절이었습니다. 계엄 이후 십수 년이 지났는데도 그러했습
니다. 1997년 정권이 수평적으로 교체된 이후 최루탄은 없어졌지만,
물대포가 등장했습니다. 물대포는 2015년 민중총궐기에서 백남기
농민을 죽이고서야 사라졌습니다. 1980년 계엄은 그 순간에만 시민
을 죽이고 공포에 떨게 한 것이 아니었습니다. 계엄이 종료된 이후
35년간 총칼은 최루탄으로, 최루탄은 물대포로 바뀌며 공포를 유지
했습니다.

평온했던 밤, 윤석열의 담화문 하나로 세상이 발칵 뒤집힌 건
한가지 이유였습니다. 다시 폭력과 공포의 시대로 돌아갈지도 모른
다는 두려움, 바로 그것이었습니다.

민주주의 서로를 책임지겠다는 다짐

한동훈은
왜 그랬을까

　이러한 두려움을 가진 건 시민만이 아니었습니다. 1년에 가깝게 여당인 국민의힘의 수장 노릇을 한 한동훈 역시 마찬가지였습니다. 놀랍게도 그는 즉각적으로 이 계엄에 대해 위헌·위법하다며, 국민과 함께 막아내겠다는 성명을 냈습니다. 이것이 놀라운 이유는 그가 여당의 대표여서가 아니라 한동훈이기 때문이었습니다.

　한동훈은 당 대표가 되고 얼마 지나지 않아 윤석열에 대해 못마땅한 순종의 자세를 취하기 시작했습니다. 이것은 그가 취임 초기에 할 말을 했다는 뜻이 아닙니다. 시간이 조금 흐르자 그가 취해왔던 '무조건적 순종'이 '못마땅한 순종'으로 변했다는 의미입니다. 못마땅한 순종이란 외적으로는 순종의 자세를 취했으나 억지 순종임이 드러나 보이는 형태입니다. 이 억지스러움을 보지 못하는 이는 단한 명, 한동훈뿐이었습니다. 못마땅한 순종은 기본적으로 상대방에게 'YES'의 의사표시를 한 후 '다만'으로 시작하는 단서적 바람을 던지게 합니다. '특검은 반대한다. 다만 국민이 가지는 의혹은 해소되어야 한다.'는 식입니다. 본인은 이러한 방식이 윤석열과 국민을 모두 만족시킨다고 생각합니다. 혼자만의 착각입니다.

　한동훈의 이러한 태도는 이십여 년 전 서울중앙지검 특수부에서부터 다져온 관계에서 비롯됩니다. 이익 공유에 기반한 복종 관계가 매우 두터워 양 당사자가 서로에게 형제애를 느낀다고 착각하는 상태. 저는 이것을 '의리적 복종 관계'라 부르고 싶습니다. 의리적 복종 관계에서 하위자는 상위자를 배신하면 안 된다는 강박을 갖습니다. 그 이유에는 배신을 행할 경우 불이익을 받거나 이익 공유에서 소외될 것 같다는 계산적 선택도 있지만, 그보다는 의리상 배신하면 안 될 것 같다는 막연한 두려움이 더 강합니다.

막연한 두려움에 사로잡힌 한동훈이 대통령이 단행한 계엄에 대해 위헌·위법하다며 발언한 것은 놀라운 일입니다. 우리는 그 이유를 두 가지로 추측해 볼 수 있습니다. 첫째는 계엄이라는 행위 자체가 한동훈을 지배하고 있던 두려움을 무력화시킬 정도로 중대하고 위험천만한 일이었다는 것입니다. 둘째는 계엄에 저항하고 법과 원칙을 지킨다는 이미지를 형성할 때의 이익이 윤석열과의 의리보다 더 크게 느껴졌을 것이라는 이유입니다.

둘째를 이유로 적지 않은 이들은 한동훈이 그 발언을 시작으로 이제 독자적인 길을 걸어갈 것이라, 윤석열의 법과 원칙이 아닌 한동훈의 법과 원칙이란 이미지를 만들어나갈 것이라 기대했습니다. 하지만 이 예상은 소위 '12·8 구상'으로 보기 좋게 깨집니다. 한동훈은 12월 8일, 계엄이 실시되고 해제된 지 채 일주일이 지나지 않은 시점에 질서 있는 퇴진을 위해 윤석열의 대통령 직무를 정지하고 국무총리와 자신이 협력해 국정을 이끌겠다고 밝힙니다. 하지만 이 구상은 순식간에 무너집니다. 12·8 구상은 국가 권력을 화투판의 판돈으로 격하시켰습니다. 화투판의 참가자가 기술 쓰다 걸리니 뒤에서 물 주전자 나르던 사람이 그 판돈을 이어받아 게임을 계속하겠다는 것이었습니다. 만일 한동훈이 법과 원칙이라는 이미지를 형성하려

했다면 12·8 구상은 절대 나오지 않았어야 합니다.

돌이켜보면 한동훈에게는 애당초 둘째에 해당하는 계산 자체가 없었습니다. 계엄 직후 바른 말을 했던 건 계엄이라는 행위가 너무나 중대해서 모든 이해관계와 두려움을 잊고 정치인의 레토릭(rhetoric)을 반사적으로 발화했던 것입니다.

국민의힘은
왜 그랬을까

계엄 이후 한동훈보다 놀라운 행보를 보인 건 여당인 국민의힘이었습니다.

불법적 계엄이 터진 상황에서 국민의힘은 계엄 해제를 위해 국회로 달려가는 대신 의원총회를 열기로 합니다. 계엄 해제에 즉각적으로 참여하는 게 아니라 당론을 모으려 합니다. 정치행위와 집회가 금지되고 언론·출판이 통제되며 현장에 복귀하지 않은 전공의가 처단되는 계엄포고령 하에서도 무엇이 당에 이익이 될까 고민합니다. 이런 고민을 한다는 것 자체도 이해할 수 없었지만, 의원총회 장소도 세 번이나 바꿉니다. 국회에서 당사로, 다시 국회 예결위장으로, 또다시 당사로. 이는 당 대표였던 한동훈이 아닌 원내대표였던 추경호의 의지였습니다. 한동훈이 국회로 모여달라고 했음에도 불구하고 추경호는 소속 의원들을 정신 차릴 수 없도록 이리저리 돌립니다.

그 이유는 추측에 맡겨져 있습니다. 계엄 유지와 해제 중에 무엇이 더 자신에게 유익을 가져올 것인가 확실히 판단하지 못했을 수도 있지만, 이미 그 계산을 끝낸 후에 장소를 의도적으로 수차례 바꾸었을 가능성이 큽니다. 계엄을 당분간 유지한다는 속내를 드러낼경우 당 안팎의 비난에 처할 것이 뻔하기에 자신도 정신을 차리지 못한 것마냥 국회의원들을 이리저리로 분산시켰다고 보여집니다. 추경호의 이러한 노력에도 불구하고 계엄해제요구는 국회를 통과합니다. 계엄 발포 이후 약 150분이 지난 시점에 말입니다.

국회의 비상계엄해제요구안에 참석했던 국회의원은 모두 190명이었습니다. 이들 중에는 국회 출입문이 봉쇄되자 담을 타고 넘어온 사람도 있었습니다. 이것은 국회의원들만 뭉쳐서 해낸 일이 아니었습니다. 국회의원들이 본회의장으로 들어가기 위해 애쓸 때 보좌진과 시민들은 군인들이 국회 건물 안으로 들어가지 못하도록 몸싸움을 벌였습니다. 시민들은 국회의원이 국회 담장을 넘을 때 애를 먹자 자신의 등을 밟고 넘어갈 수 있도록 엎드리기도 했습니다. 국회의원과 보좌진과 시민, 모두가 힘을 합쳐 이뤄낸 것이 국회의 비상계엄해제요구안 가결이었습니다.

190명에는 야당 소속 국회의원만 있지 않았습니다. 국민의힘 소속 국회의원 18명도 포함된 수였습니다. 사람들은 안심했습니다. 국민의힘 국회의원들이 다 윤석열 같지는 않구나, 적어도 18명에게는 희망이 있구나. 하지만 이것은 섣부른 안심이며 착각이었습니다. 그들 18명 대부분은 계엄이란 엄청난 쓰나미에 원래 자신이 지녔던 정신줄을 놓아버린 사람들이었습니다. 만일 그렇지 않다면 며칠 뒤 열린 윤석열 탄핵소추안 의결(1차 의결, 12월 7일)에 참석한 국민의힘 소속 의원이 (국민의힘 당론이 반대였다는 것을 감안하더라도) 단 세 명에 불과하다는 것을 설명하지 못합니다. 이 세 명은 김상욱, 김예지, 안철수였는데 이 중 비상계엄해제요구안에 참석한 사람은 김상욱 한 명에 불과했습니다. 더구나 김상욱은 윤석열 탄핵소추안 의결에 참석한 후 반대표를 던졌다고 밝혔습니다. 결국 비상계엄해제요구안에 동참한 국민의힘 의원 중 1차 윤석열 탄핵소추안 의결에서 찬성표를 던진 이는 없게 됩니다.

다시 국민의힘 전체에 대한 이야기로 돌아가 봅시다. 국민의힘은 윤석열 탄핵소추에 소극적이었던 것이 아니라 비판적이었습니다. 이를 행동으로 나타내는 방식 또한 괴이할 정도로 독특했습니다. 1차 윤석열 탄핵소추안 의결이 있던 날 그들은 회의 처음부터 불참한 것이 아니었습니다. 윤석열 탄핵소추안 의결에 앞서 윤석열의 부인인 김건희 주가조작 특검법안 재의결이 있었거든요. 국민의힘은 김건희 주가조작 특검법안 재의결에 참석하여 부결표를 던지고는 퇴장합니다. 법률안 재의결은 재적 의원 과반수 이상, 참석 의원 2/3 이상 찬성이 필요하기 때문입니다. 만일 국민의힘이 탄핵소추 의결안을 이유로 회의에 불참한다면 김건희 특검법안은 재의결이 당연시되었기에 그들은 '반(半) 출석'이라는 이해하기 힘든 묘책을 부립니다. 국민의힘은 윤석열 탄핵뿐 아니라 여하한 이유로라도 윤석열의 조기 퇴진을 방어해야 한다는 생각이었습니다.

1차 탄핵소추안 의결이 무산된 이후 국민의힘의 이상행동은 심해져만 갔습니다. 12월 14일이 되서야 탄핵소추가 의결되었으나 찬성표는 204명에 불과했습니다. 야당 의석 전체가 찬성했다고 가정한다면 국민의힘에서 찬성한 의원의 수는 12명뿐이었습니다. 그 급박하고 우왕좌왕하던 시기에 계엄해제 요구안에 찬성한 수보다 적었습니다. 이를 정리하자면 계엄해제 요구안에는 찬성하면서도 탄핵소추에는 반대했던 국민의힘 의원 수가 7명(단순한 차는 6명이나 탄핵소추안에 참석했으며 찬성을 밝힌 김예지는 계엄해제 요구안에 불참)이었습니다. 그들의 생각을 추측하자면 비상계엄 발동은 위헌·위법이었으나 탄핵의 사유까지는 아니라는 것입니다. 하지만 이러한 사고가 가능하기나 한 것일까요? 민주공화정에 언제나 존재하는 정쟁을 이유로 국회, 지방의회, 정당의 정치활동을 금지하며 언론·출판을 계엄사의 통제 아래에 두며 현장을 이탈하는 의료인을 처단하는 것 이상의 탄핵 사유가 존재한다고 그들은 생각하는 것일까요?

탄핵소추가 의결된 후 열렸던 국민의힘 의원총회의 풍경은 더욱 가관이었습니다! 한 다선 의원은 "한 사람씩 자리에서 일어나 찬성표를 찍었는지, 반대표를 찍었는지 고백하자."라고 발언하며 분위기를 마녀사냥으로 몰아갔습니다. 12·8 구상이 무산된 후 탄핵소추 찬성으로 입장을 바꾼 한동훈에 대해서는 "당장 이 자리에서 그만두라."라는 등의 발언이 나왔으며 대표 사퇴 촉구 결의 찬반투표 실시를 제안하기도 했습니다. 한동훈을 겨냥해 물병을 내동댕이치기도 하였고 '돌아이'라는 인신공격성 발언까지 튀어나왔습니다. 탄핵 찬성파 가운데 비례대표 의원들도 주요 표적이 되었습니다. 한 재선 의원은 찬성표를 찍은 비례대표 의원에게 손가락질을 하면서 "제명이 아닌 탈당을 시키자!"라고 소리치기도 했습니다.

윤석열 탄핵을 어떻게든 지연시키려는 국민의힘의 노력은 그 이후에도 꾸준하고 일관되었습니다. 윤석열의 계엄을 옹호하고 탄핵 반대를 주장하는 극우 집회에 의원들이 참석하기도 하고 반공청년단과 백골단을 자처하는 극우 단체가 국회 소통관에서 기자회견을 할 수 있도록 주선하기도 합니다. 윤석열에 대한 법원의 체포영장 집행을 막으려고 사십여 명의 국민의힘 의원이 한남동 대통령 관저로 달려간 것 또한 빼놓을 수 없습니다.

행정관료는 왜 그랬을까

이제 관점을 행정관료로 옮겨봅시다. 이번 비상계엄 및 탄핵 과정에서 얻은 소득 중 하나는 학벌을 기반으로 한 소위 대한민국 엘리트 세력의 민낯을 낱낱이 확인할 수 있었다는 것입니다.

윤석열의 비상계엄 선포 직전 국무회의라고 부르지도 못할 국무위원들의 회합이 있었습니다. 그들은 비상계엄을 선포하겠다는 윤석열의 일방적 통보를 듣고 우려만을 전했습니다. 그 우려 또한 경제와 국가신인도에의 악영향(한덕수, 최상목), 외교에 미치는 영향(조태열)뿐이었습니다. 그곳에 모인 10명의 국무위원(윤석열 제외) 중 국민의 기본권을 언급하거나 민주주의 파괴를 논하거나 법적 요건의 흠결을 지적한 이는 없었던 것 같습니다. 만일 그런 이야기를 했을 국무위원이라면 그 자리에서 사직서를 던졌을 테니까요. 매우 놀랍고 슬픈 일입니다.

윤석열에 대한 탄핵소추가 의결된 후 한덕수가 대통령권한대행을 맡지만, 그 기간은 채 2주가 되지 않았습니다. 12월 27일 국회로부터 한덕수 국무총리에 대한 탄핵소추 의결이 있었기 때문입니다. 탄핵소추를 촉발한 것은 국회 몫의 헌법재판관 임명 보류였습니다. 한덕수의 임명 보류 이유는 헌법재판관 후보 3인에 대한 국회의 합의가 필요하다는 것이었습니다. 하지만 이 합의는 이미 11월에 이루어진데다 국회 몫으로 주어진 헌법재판소 재판관에 대한 임명은 기계적이고 형식적인 행위에 불과합니다. 대통령권한대행이 아니라 대통령이라 해도 그러한 행위를 할 수는 없습니다. 한덕수는 월권을 행했습니다.

한덕수가 왜 그랬느냐에 대한 추측은 난무합니다. 하지만 부인할 수 없는 것은 그러한 결정이 공적 필요가 아닌 사적 욕망에서 이루어졌을 것이라는 사실입니다. 1970년 행정고시 합격으로 공직에 발을 들인 후 1990년대 중반부터 장·차관 및 대사로 활동했으며 국무총리를 두 번씩이나 지낸 관료 중의 관료가 국회 몫의 헌법재판관 임명행위가 어떤 성질을 지니는지 모를리 없기 때문입니다.

한덕수가 탄핵소추 된 이후 대통령권한대행을 맡은 최상목은 더욱 비정상적인 행태를 보였습니다. 국회가 추천한 세 명 중 두 명, 여당과 야당이 추천한 각 한 명씩만 헌법재판소 재판관으로 임명했습니다. 야당이 추천한 정계선, 마은혁 후보자 중 정계선 후보자만 임명했는데 그 이유는 명확하지 않습니다. 이는 대통령권한대행이 저지른, 그 속내를 이해할 수 없는 대통령 권한 남용이었습니다.

우리는 왜
윤석열을 대통령으로
뽑았을까

지금까지 윤석열이 선포한 비상계엄과 그 이후 그를 둘러싼 행태들을 살펴보았지, 윤석열에 대한 이야기는 하지 않았습니다. 정작 그에 대해서 쓸 것은 별로 없기 때문입니다. 위헌적 비상계엄을 선포했을 뿐 아니라 계엄 해제 이후 계속해서 늘어놓는 계엄의 이유, 이후에 저지른 법 위에 서 있다고 생각할 수밖에 없는 행태들. 다른 우주에 살고 있다고 평가하지 않는다면 그 어떤 평가도 만족스럽지 않기 때문입니다.

계엄 선포 이전에도 그는 동일했습니다. 이태원 참사 때도, 화물노조 파업 때도, 채상병이 숨졌을 때도 그러했으며 의대 정원 확대에서도 자신의 아내를 대상으로 삼은 특검법 재의 요구에서도 마찬가지였습니다. 그가 대통령 취임 이후부터 보여온 행태는 민주공화국의 대통령이라고는, 앞서 네 명의 대통령을 감옥으로 보내고 한 명의 대통령을 헌법재판소에서 파면시킨 민주공화국의 대통령이라고는 믿기 힘듭니다.

　　오히려 관심을 가지게 되는 건 그가 당선된 선거입니다. 대한민국 국민은 왜 그를 대통령으로 뽑았을까. 설마 이럴 줄 몰랐다는 대답은 넣어둡시다. 이 말은 그의 대통령 취임 이후부터 이슈가 발생했을 때마다 수도 없이 반복했으니까요. 게다가 미래야 아무도 예측할 수 없습니다. 우리는 선거 시점으로 돌아갈 필요가 있습니다. 선거 당시 주권자가 그에게 바랐던 욕구, 그를 통해 만들고자 했던 국가공동체가 무엇인지 추측해 볼 필요가 있습니다.

　　대통령선거 당시 윤석열 후보의 캐치프레이즈가 그 힌트가 될 수 있습니다. 공정과 상식으로 만들어 가는 새로운 대한민국. 주권자인 국민의 공정과 상식은 무엇이었길래 윤석열을 대통령으로 뽑았을까요? 공정과 상식이 주관적 관념입니다만, 윤석열이 문재인 정부의 반대항으로 탄생했음을 염두에 둔다면 이를 추측해 볼 수 있습니다. 문재인 정부에서 저항이 심했던 정책 속에는 국민이 생각하는 공정과 상식이 결여되었을 것이니까요.

　　문재인 정부의 실책이 무엇이냐에 대해서는 개인의 신념과 성향에 따라 달라지겠지만, 주관을 떠나 반대 여론이 높았던 것을 꼽아보자면 공공기관 비정규직의 정규직화와 부동산 정책입니다. 오해를 방지하고자 첨언하자면 이 두 건을 실책이라고 단정지었지만, 이것은 결과론일 뿐입니다. 정책의 목적은 선하며 동의할 만하더라도 정책을 풀어나가는 과정에서 오류가 존재해 그 목적과는 정반대의 결과를 초래하거나 국민적 공감대를 형성하지 못한다면 실책일 수밖에 없습니다. 윤석열의 의대 정원 확대 정책 역시 실책이긴 하나 정책 목적의 선의는 인정되어야 하는 것처럼 말입니다.

인천국제공항공사로 상징되는 공공기관 비정규직의 정규직화는 정규직 전환의 세부 내용과는 상관없이 공정담론을 촉발시키는 계기였습니다. 반대 논리는 단순하고 명쾌했습니다. 좋은 일자리는 노력을 많이 한 사람이 차지해야 한다. 명제만 놓고 본다면 수긍할 수 있지만 그 뒤에는 좋은 일자리와 나쁜 일자리의 구분, 그리고 좋은 일자리는 소수여야 한다는 전제가 깔려 있습니다. 노력을 통한 서열화를 인정하라는 것이었으며 내가 획득한 높은 서열을 인정하라는 것이었습니다. 서열을 결정할 때 노력 외에 수많은 요인이 작용한다는 사실에는 모르쇠로 일관하며 말입니다.

수요억제를 통해 가격을 안정시키려 했던 부동산 정책은 정반대의 효과를 가져왔습니다. 시장에서는 '똑똑한 한 채'라는 용어를 만들어냈으며 그 한 채의 영민함은 부동산 전체 가격을 폭등시켰습니다. 비싼 놈이 뛰니 덜 비싼 놈도 뛴 것입니다. 문재인 정부의 부동산 정책은 어떻게 보면 어설펐으며 어떻게 보면 오만했습니다. 부동산으로 대표되는 사람들의 물질에 대한 욕망을 몇 개의 갑작스러운 정책으로 제어하겠다고 나선 것이었습니다. 수십 년 도를 닦아도 내 의지대로 되지 않는 것이 인간의 욕망인데 국가의 섣부른 정책으로 바꾸겠다고 나선 것은 인간 심리에 대한 무지이기도 했습니다.

결국 윤석열 후보를 통해 충족시키고자 했던 주권자의 욕망은 다음과 같습니다.

이 사회엔 서열이 존재할 뿐 아니라 존재해야 한다.

개인의 이익 달성을 위한 노력은 선(善)으로서 권장되어야 한다.

이것은 상식이며 부정되어서는 안 된다.

국가의 역할은 서열과 이익의 취득이 공정하게 이루어지도록

관리하는 데 있다.

윤석열의 당선은 국민의힘이라는 정당의 승리라기보다는 개인의 서열화 및 이익 매몰화를 상식으로 받아들이는 경쟁적 인간관의 승리로 평가할 수 있습니다. 이러한 인간 군상의 대표작이 국민의힘 국회의원과 고위 관료입니다. 비상계엄 이후 그들이 보여준 무책임한 행동들, 오로지 나의 이익이라는 관점에서만 접근한다면 충분히 이해 가능한 선택들이었기 때문입니다.

2016년 촛불집회는 어땠을까

그럼에도 불구하고 절망적인 표식만 있는 것은 아닙니다. 동트기 전이 가장 어둡다는 말이 있습니다. 비상계엄 이후 일어났던 시

민집회는 희망으로 삼기에 충분했습니다. 국정을 결정하는 엘리트가 우리에게 절망을 줬던 대신 시민들은 스스로 희망이 되었습니다. 다만 이번 윤석열 탄핵 집회의 특징을 추려내기 위해서는 박근혜 퇴진을 목적으로 했던 2016년 촛불집회를 먼저 살펴봐야 합니다. 그 때부터 시민집회의 양상이 달라졌기 때문입니다.[2]

첫째, 2016년 시민집회의 가장 큰 특징은 집회 참여자의 대부분이 기존의 시민사회단체나 운동조직에 속해 있지 않았다는 것입니다. 집회의 주관자는 '박근혜 정권 퇴진 비상 국민행동'(이하 '퇴진행동')이었으나 지도부라기보다는 관리자의 역할에 머물렀습니다. 퇴진행동은 시민들에게 무엇을 어떻게 하자고 선동하는 것이 아니라 시민들이 무엇인가를 할 수 있도록 판을 깔아주는 역할에 주력했습니다. 이것이 원인이었는지 결과였는지 혹은 둘 다였는지는 명확하지 않으나 가족과 혼참러(집회에 혼자 참여하는 사람의 신조어)가 집회의 새로운 참여 그룹으로 등장했습니다. 이러한 비조직 개인의 집회 참여는 연인원 총 1,685만 명(2016.10.29.~2017.4.29., 퇴진행동 추산)이라는 기록을 만들었습니다.

둘째, 많은 깃발이 등장했습니다. 참여 인원이 많았기에 깃발이 많아진 것이 아니었습니다. 원래의 깃발은 '광장에서 조직원을 알아보게 하는 표식'[3]이라는 수단성을 가지는데 2016년 깃발의 다수는 그 자체가 목적이었습니다. 깃발은 그 자체가 하나의 패러디였는데 그 대상이 정치 상황만은 아니었습니다. 시민사회단체나 운동조직이 풍기기 쉬운 위계적이고 경직된 이미지를 패러디하기도 했습니다. 평범한 시민들도 광장에 나올 수 있음을 강조한 것입니다.

2016년 집회에서 주목을 받았던 깃발들

고려청자 애호가 모임, 고산병연구회, 고혈당 천만 당뇨인의 희망, 공빵연, 거리 애호가, 거시기산악회, 국경없는 어항회, 나만고양이없어, 노처녀 연대, 놀라자빠질혈, 대한민국 아재연합, 독거총각결혼추진회, 듀로타향우회, 만두노총, 망굴모, 무도 본방 사수 위원회, 민주총, 민주팬덤연대, 민트당, 범깡총연대, 범야옹연대, 보노보노·너부리·포로리, 사립돌연사박물관, 새우만두노조, 슬퍼할 겨를 없는 바쁜 벌꿀 모임, 싱하형 어록 연구회, 안남대학교 리볼버과, 안남시민연대, 야소가미 고등학교 리볼버부, 얼룩말 연구회, 오버워치 심해 유저 연합회, 우리는 서로의 용기당, 응원봉 연대, 인왕산 해발시팔메다 거주주민연대, 일 못하는 사람 유니온, 장수풍뎅이연구회, 전견련, 전국고양이노동조합, 전국디바협회, 전국 메탈 리스너 연맹, 전국볼트노동조합, 전국비둘기연합, 전국설명충연합회, 전국양배추취식실천연합, 전국 집순이 집돌이 연합, 전국 한시적 무성욕자 연합, 정치는 대국적으로 전국발터연합회, 주사맞기캠페인운동본부 청와대 건강주사, 집가싶, 커리 애호가 모임, 탄투투바 광산회사, 트잉여운동연합, 하야하그라, 한국 고산지 발기부전 연구회, 한국곰국학회, 한국 기름장어 바로알기 협회 뉴욕지회, 하야와 번영을, 허물없는 세상, 혼자온 사람들, 화분안죽이기실천시민연합, Hamnesty International, JANY.

출처 : 조명선. (2018). 2016 촛불집회와 민주주의에 관한 연구 (국내석사학위논문). 연세대학교 대학원, 서울. 30-31면

이러한 깃발에 대한 일반 시민들의 태도는 이전과 차이가 나는 것이었습니다. 2008년 촛불집회에서부터 깃발은 배척의 대상이

었기 때문입니다. 미국산 소고기 수입 반대를 목적으로 했던 2008년 촛불집회는 인터넷 카페 회원들이 주도했는데, 광장에서 외쳤던 구호 중 하나는 "깃발 내려!"였습니다. 이는 기존의 시민사회단체나 운동조직과는 함께 하지 않겠다는 의도였습니다. 그로써 집회의 의제가 확산되는 것을 방지하겠다는, 즉 미국산 소고기 수입 반대만을 외치겠다는 심산이었습니다. 깃발에 대한 태도는 2014년 세월호 집회에서도 마찬가지였습니다. 2014년 집회는 2008년과는 달리 처음부터 시민사회단체가 결합되었으나 깃발을 내리라는 요구는 여전했습니다. 시민사회단체가 주축이 된 집회 지도부는 이러한 요구를 수용했을 뿐 아니라 "박근혜 퇴진!"과 같은 구호도 자제시켰습니다. 집회 목적의 알 수 없는 순수성이 강하게 요구되었습니다.

2016년 이전의 촛불집회가 깃발에 대해 부정적이고 배타적이었다면 2016년 촛불집회는 적어도 깃발 자체에 대해서는 적극적이고 능동적이었습니다. 이전의 태도가 깃발을 내리라고 함으로써 시민사회단체와 동등해지려 했다면 2016년에는 개인이 깃발을 제작하고 치켜듦으로써 시민사회단체와 어깨를 나란히 하려 했습니다. 그럼에도 불구하고 집회 목적의 순수성은 유지되기를 원했습니다. 집회 구호는 "박근혜 퇴진!"으로 한정되었고 장애인, 성소수자, 여성, 비정규직 등 소수 그룹의 개별적인 목소리는 잃어버릴 것을 강요받았습니다.

2024년 응원봉집회, 스스로 희망을 만들다

역사에 남을만한 대통령 탄핵집회가 8년 후에 다시 형성될 줄은 아무도 몰랐습니다. 방송인 유승균의 말대로 대한민국의 시민들은 박근혜가 소위 민주주의 파괴의 '끝판왕'인 줄 알았으니까요. 하지만 윤석열은 시민들의 이러한 안일함과 기대를 가볍게 넘어섰습니다. 새로운 끝판왕으로 등극했습니다. 끝판왕이 진화한 것처럼 탄핵집회 역시 진화했습니다. 2024년의 시민집회를 2016년과 비교하면 다음과 같습니다.

이번 집회를 2016년과 비교할 때 가장 눈에 잘 띄는 것은 시민들의 손에 촛불이 아니라 응원봉이 들려있다는 점입니다. 그래서 촛불집회가 아니라 응원봉집회라고 일컫기도 합니다. 응원봉이란 아이돌 가수의 콘서트장에서 쓰이는 빛을 내는 도구입니다. 가지각색 응원봉은 용도만 동일합니다. 응원봉의 형태나 빛깔은 아이돌 가수에 따라, 그리고 그 시기에 따라 달라집니다. 그러하기에 응원봉을 들고 광장에 나온다는 것은 자신이 어떤 아이돌 가수를 언제 좋아했는지를 외부에 밝히는 의미를 갖습니다. 어쩌면 내밀할 수 있는 사적 세계를 공적 광장에 꺼내놓는 것입니다.

광장에 응원봉이 등장한 것은 2024년 집회가 처음은 아닙니다. 2016년 집회에서도 응원봉 연대가 응원봉을 촛불 대신 가지고 나온 적이 있었습니다. 하지만 단 한 번에 불과했습니다. 촛불이 아니라 응원봉을 가지고 나왔다며 주변의 질타를 받았기 때문입니다. 2016년 집회에서는 구호뿐 아니라 상징물도 통일되어야만 했습니다. 그렇게 보자면 8년 전에는 감추어졌던 개인이 2024년에는 드러났다고 해석할 수 있습니다. 패러디한 깃발로만 존재하던 개인의 다양성이 깃발을 던져버리고 본색을 드러낸 것입니다.

이러한 경향은 집회의 자유발언을 통해서도 확인됩니다. 2024년 집회에서 자유발언의 신청은 밀려들었습니다. 신청 후 대여섯 시간을 기다려서야 마이크가 쥐어지기도 했습니다. 자유발언의 내용 역시 주목할 필요가 있습니다. 많은 경우 자신의 정체성을 고백하며 자유발언을 시작했습니다. 자신은 학생일 수도 비정규직 노동자일 수도 있습니다. 이성애자일 수도 성소수자일 수도 있습니다. 어쩌면 가족한테도 아직 내어놓지 못한 자신의 이야기를 광장에 쏟아놓습니다. 그 순간 광장은 환호성을 지릅니다. 발언자를 온몸이 으스러질 듯 격하게 품습니다.

2024년 집회의 특징은 개인의 드러남에서 그치지 않습니다. 발언자의 정체성 고백으로 시작된 자유발언은 당연하듯 윤석열 탄핵과 체포라는 공통 과제로 넘어갑니다. 하지만 자유발언의 마지막에서는 다시 8년 전과 달라집니다. 누가 시키지도 않았는데도 이 사회의 소수자 그룹, 즉 장애인, 성소수자, 비정규직, 농민 등을 열거하며 그들과 연대하겠다고 다짐합니다. 때에 따라선 그들의 현실을 알지 못했던 자신을 공개적으로 반성하기도 합니다. 결국 8년 전에는 침묵을 강요당했던 당사자의 개별적 구호들이 이제는 주변인의 연대하겠다는 다짐의 언어로 터져나온 것입니다.

2024년 집회 문화의 또 다른 특징은 나눔이었습니다. 여의도 국회의사당 앞으로 집회 장소가 잡히자 며칠 지나지 않아 온라인 커뮤니티에는 처음 보는 공지들이 등장했습니다. "☆☆카페 여의도점. 아메리카노 100잔 선결제해놓았습니다. 한 분당 두 잔까지 수령 가능합니다.", "△△국밥 국회의사당점. 설렁탕 100그릇 선결제해놓았습니다. 추운 날씨에 뜨끈한 국밥 드시고 집회 참여하세요." 등입니다. 소위 '선결제'입니다. 자신도 참여하고 싶지만 시간 등의 이유로 그렇게 하지 못할 때 마음과 함께 돈을 보내는 행위입니다. 추워서 힘들겠지만 내 몫까지 싸워달라는, 또 즐겨달라는 부탁입니다. 선결제된 음식을 먹으면 참여자들도 힘이 납니다. 여기에 보이지 않는 이들도 우리와 함께 있구나, 미안함이 없는 고마움을 느낍니다. 선결제를 집회 문화로 자리 잡게 한 건 연예인들의 몫이 컸습니다. 가수 아이유는 국회의사당 인근의 베이커리 카페, 떡집 등 다섯 곳에, 소녀시대의 유리는 당산역 인근의 식당에 김밥을 선결제 했습니다. 선결제가 많아지자 온라인에서는 선결제 매장과 선결제된 메뉴, 잔여 수량이 표시되어 있는 '온라인 나눔지도'가 등장하기도 했습니다.

집회 내 나눔 문화의 절정은 2024년 12월 21일에서 22일까지 무박 2일간 벌어진 소위 '남태령 대첩'이었습니다. 전국농민회총연맹과 전국여성농민회가 조직한 '전봉준 투쟁단'은 12월 16일 경상남도 진주(동군)와 전라남도 무안(서군)에서부터 트랙터와 화물차를 몰고 행진을 시작합니다. 목적지는 서울 한남동 대통령 관저. 밑에서부터 전국을 훑어가며 윤석열의 체포와 구속, 파면을 촉구하는 것이 목적이었습니다. 그렇게 진행되던 상경은 12월 21일 남태령고개에서 경찰이 세운 차벽으로 막혔습니다. 아마도 그때 전봉준 투쟁단은 행진은 여기서 끝나겠구나 생각했을 것입니다. 얼마간 대치를 하다 다시 집으로 돌아가게 되리라 예상했을 것입니다. 하지만 그 예상은 빗나갔습니다. 기적이라 불러도 좋을 일이 벌어졌습니다. 남태령의 소식은 SNS 등으로 퍼졌고 20~30대 여성들이 주를 이룬 시민들이 남태령고개로 모여들었습니다. 영하 10도의 밤을 함께 지샜습니다. 이튿날 아침부터 시민사회단체가 중심이 되어 인파는 불어났고 차벽으로 막혔던 길은 오후 다섯 시경 열립니다.

남태령은 허허벌판입니다. 지하철 4호선을 타고 서울과 과천을 오가면서도 남태령역에서 내려볼 생각을 했던 사람이 얼마나 될까요? 식당이나 편의점도 없습니다. 선결제는 고사하고 내 돈 주고 사 먹을 가게도 없는 곳입니다. 하지만 그날 집회 참여자들은 김밥과 피자로 배를 채웠고 따뜻한 커피로 몸을 녹였습니다. 어찌 된 일일까요? 멀리 있던 시민들, 남태령으로 달려가고 싶지만 여건상 그러하지 못하는 시민들이 배달앱을 통해 음식물을 결제해 준 것이었습니다. 김밥 100줄, 피자 10판, 아메리카노 50잔, 이런 식이었습니다. 선결제가 아니라 원거리 결제였습니다.

나눔 문화는 결제로만 이루어진 것이 아니었습니다. 집회 참석 전 대형마트에서 핫팩을 몇 박스씩 사서 광장 한쪽에 풀어놓기도 하고 생리대를 대형 가방에 가득 담아 지하철역 여자 화장실 앞에 놓아두기도 했습니다. 광장 안에서 모르는 사람과 초콜릿을 나누는 일은 2024년 이전부터 흔하고 당연한 일이었습니다.

2024년 시민집회의 또 다른 특징은 깃발로 상징되는 시민사회단체 및 운동조직과 일반 시민의 융화가 일어나기 시작했다는 점입니다. 앞에서 언급했다시피 2008년에서 2016년까지의 시민집회에서는 깃발로 상징되는 조직들이 그들의 고유한 목소리를 낼 수 없었습니다. 시민집회가 문화제 형태로 기획되었기에 일반 시민들이 더 많이 참여할 수 있도록 하는 것이 제일의 목표였습니다. 그들이 혹시라도 거부감을 느낄만한 요인들은 모두 제거해야만 했습니다. 민중가요 역시 그에 속했습니다. 운동의 색채를 빼야만 했기에 저항의 언어를 담고 있는 민중가요는 불릴 수 없었습니다.

하지만 2024년에는 변화가 생깁니다. 시민들이 자유발언을 통해 소외된 그룹과 연대하겠다고 말한 것에서 느낄 수 있듯이 운동조직에 대해 마음을 열었습니다. 시민들은 남태령으로 달려가 농민운동조직과 연대했으며 민주노총의 투쟁집회에는 일반 시민도 함께했습니다. K-POP과 함께 민중가요 역시 집회에서 불릴 수 있었습니다. 2025년 1월 4일, 한남동 대통령 관저 앞에서 열린 민주노총 투쟁집회에서는 '철의 노동자', '단결투쟁가' 등이 울려퍼졌고 시민들은 그에 맞춰 응원봉을 흔들었습니다.

이 책은
왜 썼을까

민주주의 서로를 책임지겠다는 다짐

2024년 시민집회는 우리에게 '민주주의란 무엇인가'라는 질문을 새롭게 던집니다. 윤석열의 불법적 비상계엄으로 시작된 시민집회의 요청은 제도적 민주주의의 복원을 넘어섭니다. 나 자신을 드러낼 것을, 너 그대로를 보여줄 것을 요청하며 본래의 모습 그대로 연대하기 시작했습니다. 쏟아지는 눈에도 은박 담요를 덮어쓰고 자리를 지켰습니다.

민주주의를 지킨다는 것은 단순히 구호를 외치거나 거리로 나서는 것으로만 해결되지 않습니다. 민주주의가 무엇인지, 어떤 의미를 가지는지, 왜 그것을 지켜야 하는지에 대한 충분한 사색(思索)이 먼저 필요합니다. 사색 없는 책임은 쉽게 피로해지고, 방향을 잃기 마련이니까요.

민주주의를 사색할 기회. 우리는 가져본 적이 있을까요? 민주주의를 너무 당연하게만 생각한 건 아닐까요? 멀리 있는 정치의 영역으로만, 혹은 영혼 없는 절차로만 생각한 건 아닐까요? 우리는 이 사색의 과정에서 민주주의가 본연의 의미를 잃고 형식만 남은 것은 아닌지 의심하게 됩니다. 민주주의에 얼굴이 있다면 사색(死色)이 되어 있을지 모릅니다. 에드바르트 뭉크(Edvard Munch)의 〈절규〉가 떠오릅니다. 걱정이 됩니다.

사색(思索)은 익숙한 것을 낯설게 보며, 당연한 것에 질문을 거는 작업입니다. 우리는 이 과정에서 지금껏 배운 민주주의에 대해 의문을 제기할 것입니다. 그렇게 해야 왜 민주주의의 얼굴이 죽음의 색으로 변했는지 알 수 있습니다. 나라 걱정에 잠 못 이루는 우리의 밤에 종지부를 찍을 수 있습니다.

이 책은 당신과 함께 민주주의를 사색하기 위해 썼습니다. 사색은 공부와 다릅니다. 공부는 조용한 가운데 의자에 엉덩이를 붙이고 앉아서 해야겠지만, 사색은 장소에 구애받지 않습니다. 집 앞 산책로를 걸으며 사색할 수도 있지만, 약속 장소로 향하는 지하철 안에서도 사색이 가능합니다. 사색은 활동이라기보다는 지향입니다. 그저 '민주주의'라는 단어를 머리에 떠올리기만 하면 됩니다. 이 책이 당신의 그 사색을 함께 해 줄 친구가 되었으면 합니다. 옆에서 함께 걸으며 재잘재잘 이야기해 주는, 가끔씩은 입을 다물고 당신이 생각에 잠길 시간을 허락해주는 친구가 되었으면 합니다.

이 책은 총 3부로 구성되어 있습니다.

1부에서는 민주주의가 무엇인지, 민주주의 그 자체에 대해 사색합니다. 우리가 쉽게 듣고 넘겼던 용어들에 대해 따져보는 것부터 시작해 민주주의의 본질까지 깊숙이 들어갈 예정입니다. 민주주의가 절차인지 이념인지, 평등에는 어떤 의미가 존재하는지, 자유와 평등은 어떤 관계에 있는지, 연대란 무엇이며 민주주의에서 어떤 역할을 하고 있는지 살펴봅니다. 하지만 교과서를 공부하듯 따분하고 힘들진 않을 겁니다. 마치 동굴을 탐험하듯 조심스럽게 한 발 한 발 중심을 향해 발을 옮길 겁니다. 다만 중간에 포기하지 않고 끝까지 질문을 던지며 걸어갈 것입니다. 마지막까지 걷다 보면 민주주의가 어떻게 살아 숨 쉬는 것인지, 내 일상이 어떻게 민주주의와 관련되는 것인지 기본적인 감각을 장착하게 될 것입니다.

2부에서는 가족과 관련된 제도와 문화를 민주주의적 시선으로 검토합니다. 2024년 시민집회의 자유발언에서 유독 많다고 느껴졌던 사람들은 성소수자였습니다. 하지만 그들의 성적 지향을 성'소수자'로 규정한 것은 지향이 아니라 가족제도입니다. 그렇다면 가족은 민주주의 위기의 사각지대일까요? 가족 내 민주주의에 대해 우리가 상대적으로 무감각한 것은 태어날 때부터 속해 있으며 다른 가족을 경험하는 것이 불가능하기 때문입니다. 2부에서는 가족의 형성에서부터 시작해 모성 담론 및 가족 내 역할 변화까지 살핍니다. 가족만 검토한다고 해서 학교, 일터, 종교 등 다른 공동체에서 민주주의적 딜레마가 존재하지 않는다는 뜻은 아닙니다. 오히려 가족 안에서 민주주의적 딜레마를 발견할 수 있다면 이를 바탕으로 다른 공동체를 민주주의적 시선으로 살펴보는 일이 한층 수월해질 것입니다.

3부에서는 어떻게 민주주의를 실천할 수 있을지를 다룹니다. 민주주의는 거실 한쪽 벽에 걸린 풍경화가 아닙니다. 민주주의의 실천은 투표나 집회 참석으로 한정되는 것이 아닙니다. 민주주의는 계속해서 우리에게 결단과 실천을 요구하고 있습니다. 민주주의에서 중요한 것은 아는 것이 아니라 살아가는 것입니다. 그 시작은 다름 아닌 나부터 주인 되는 삶입니다. 내가 주인이 되어야 협력이 가능하며 연대가 가능합니다. 그래야 민주주의자로 살 수 있습니다. 3부에서는 타인과 연대하기 위한 방법론들을 제안해 놓았습니다. 하지만 이것은 샘플일 뿐입니다. 방법론은 자신의 상황과 역할에 따라 다양하게 나올 것입니다. 3부를 토대로 일상 속에서 민주주의를 넓히기 위한 각자의 규칙을 만들면 좋겠습니다.

읽고 사색하는 시간을 가져보세요

　이 책의 가장 좋은 활용법은 처음부터 차례대로 읽어나가되, 자주 멈춰 사색하는 시간을 갖는 것입니다. 각 부는 서로 독립적인 내용을 담고 있지만, 이해(1부)-적용(2부)-실천(3부)이라는 단계적 구조를 형성하고 있습니다. 따라서 처음부터 끝까지 차례대로 읽으며 민주주의에 대한 사색을 함께 해나갈 것을 권합니다.

　저는 이 책이 당신에게 정답지처럼 읽히지 않았으면 하는 바람이 있습니다. 우리가 여행을 시작하기 전 가이드북을 읽는 것처럼, 이 책이 당신에게 가이드북으로 받아들여졌으면 좋겠습니다. 여행을 시작할 때는 가이드북을 참고하면서 다니다가, 현지에 적응하고 나서는 내 마음대로 돌아다니는 것처럼 당신 역시 이 책의 내용에 얽매이지 않았으면 좋겠습니다. 모두 다 주인이 되자고 나선 민주주의 탐구 여정인데 고작 책 따위에 매여 있어서야 되겠습니까? 그렇다면 홀가분한 마음으로 함께 떠나 보시지요.

목차

2부.
민주주의와 가족의 민낯

3부.
민주주의 움직이기

1부.
민주주의 다시 묻기

01
사라진
민주주의

민주주의. 당신은 이 단어를 듣고 어
떤 반응을 보일까요? 타는 목마름의 갈증?
마른 잎이 다시 살아나는 환희? 적어도 아닐
겁니다. 지금은 화염병이 날아다니고 최루
탄이 굴러다니는 팔구십년대가 아니니까요.
식상할까요? '착해야 한다', '거짓말하
지 마라'처럼 말이죠. 식상하기라도 하면 다
행일 겁니다. 어쩌면, 아니 아마도 발에 걸리

지도 않는 작은 돌멩이 같을 거예요. 주먹만 한 크기라면 발가락에라도 채여서 촉감을 만들 텐데, 어쩌면 이렇게 걸리적대지도 않는지.

뉴스 헤드라인을 '민주주의'가 장식하긴 합니다. 대통령이 내리는 결정에 있을 때마다 양당은 싸웁니다. 야당이 '반민주적 폭거'라고 비판하면, 여당은 '이게 민주주의다', '민주적 절차에 승복하라'라고 옹호합니다. 정형화되었습니다. 우리는 이 뉴스를 훅하고 넘깁니다.

민주주의를 걸고 논쟁하는 것. 할 말이 없다고 자백하는 것 같습니다. 코에 걸면 코걸이, 귀에 걸면 귀걸이. 이 속담에 적합한 개념 하나만을 말하라면 민주주의가 입에서 튀어나올 것 같습니다. 웬디 브라운은 더 세련되게 말합니다. "민주주의라는 말은 누구나, 그리고 모두가 자신의 꿈과 희망을 싣는 텅 빈 기표이다."[4] 민주주의가 제 편이라고 서로 싸우는 이유가 여기 있지 않을까요? 여기까지 생각이 미치니 민주주의에서 멀찍이 떨어지고만 싶습니다.

의문도 듭니다. 내용도 없는 단어에 이 사회는 왜 이렇게 매달릴까? 생각해보면 민주주의가 등장하는 무대는 모두 싸움장입니다. 국회도 그렇고, 학교도 그렇고, 일터도 마찬가지입니다. 심지어 노동조합 내부에서까지도 이 단어를 무기로 해서 날 선 말들이 오갑니다. 조합 내 민주주의가 죽었다느니, 조합 운영이 비민주적이라느니. 관중석에서도 귀를 막고 싶은 말들로 전투를 치릅니다.

세상 제일 재미난 게 불구경과 싸움 구경이라지만, 민주주의를 가지고 하는 싸움은 예외입니다. 패턴이 정해져 있거든요. 한쪽에서 상대를 반민주적이라거나 비민주적이라며 공격합니다. 상대방은 불

같이 화를 냅니다. 그와 함께 곧바로 반격합니다. 무기는 동일합니다. 반민주적이라거나 비민주적이라며. '반민주'와 '비민주'가 왜 나쁘냐고 되돌려치는 공격은 없습니다. 그렇게 반박하는 순간, 그가 맨 처음 받았던 반민주라는 공격은 과장이 아닌 사실로 변하니까요. 상대방의 진실성만 확인해주는 꼴이 됩니다. 그렇게 싸움은 종결됩니다.

다시금 깨닫습니다. 민주주의가 절대선(絕代善)이라는 사실. 민주주의에 대해서는 어떤 의문을 가져서도 안 됩니다. 알랭 바디우는 이렇게 표현합니다. "현대 정치사회를 지배하는 상징"[2] 상징이란 절대 건드릴 수 없는, 신정체제에서의 신과 같습니다. 싸움터에서 사용하기에 용이할 수밖에 없습니다. 인간의 권리, 자유, 생명을 복잡하게 설명할 필요도 없습니다. 민주주의에 어긋난다는 말 한마디면 됩니다. 이 비난을 틀렸다고도 증명하기도 힘듭니다. 텅 빈 기표니까요. 실재가 있어야 대조를 해 보죠. 민주주의로 마녀사냥 역시 가능합니다.

1부에서는 '민주주의'라는 단어를 가지고 개인적인 산책을 나서볼까 합니다. 굳이 개인적이라는 단서를 붙인 것은 기존의 해석에 구애받지 않겠다는 의미입니다. 민주주의가 텅 빈 개념이라고 한다면 기존 해석에 얽매이는 것이 무슨 소용일까 싶습니다. 함께 떠납시다. 헤매다 보면 가끔은 어디선가 마주치지 않을까요?

02
한 가지
모순

민주주의는 텅 빈 기표다. 동의하시나요? 어쩌면 수사적 표현이라 생각할 수 있습니다. '설마 실체가 없겠어? 민주주의가 제대로 작동하지 않는다는 표현이지.' 현실에 대한 아쉬움과 함께 민주주의에 대한 신뢰가 묻어납니다. 이 신뢰를 가지고 민주주의의 개념을 살펴봅시다. 민주주의의 실체를 찾을 수 있는지, 실체가 개념과 정합성을 가지는지 생각해봅시다.

먼저 사전적 정의. 국민이 권력을 가지고 그 권력을 스스로 행사하는 제도 또는 그런 정치를 지향하는 사상(표준국어대사전). 두산백

과사전 역시 비슷하게 풀어냅니다. 국가의 주권이 국민에게 있고 국민을 위하여 정치를 행하는 제도. 사전적 정의에 기대자면 한자 그대로 풀어도 될 것 같습니다. 민(民)이 주인이 되는(지배하는) 제도 또는 사상.

다음으로 법적 정의. 아쉽게도 없습니다. 대통령이, 국회가, 언론이 항상 떠들어대는 민주주의지만, 법에 정의 규정은 없습니다. 일상용어이기에 정의할 필요를 못 느꼈거나, 학문적 다툼이 있기에 정의를 하지 않았거나. 그 탓에 윤석열 대통령이 민주주의를 자유민주주의로 축소하고, 자유민주주의를 낯선 개념인 공산전체주의와 대비시켰는지도 모르겠습니다.[6] 정해진 개념도 없으니 틀렸는지 알게 뭡니까. 그래도 실망은 마시라. 헌법은 한 문장으로 민주주의를 풀어줍니다. 대한민국의 주권은 국민에게 있고, 모든 권력은 국민으로부터 나온다(헌법 제1조 제2항). 사전적 정의와 의미가 대략 통합니다.

내친김에 어원까지 봅시다. 그리스어로 'dêmokratîa'. 'dêmos'와 'krâtos'가 합쳐졌습니다. krâtos가 통치 혹은 지배, dêmos가 인민 또는 국민이니 사전이나 헌법이 어원에 충실하다고 여겨집니다. 다만 찜찜한 한 가지, 인민과 국민입니다. 인민은 사람들 그 자체, 국민은 국가를 구성하는 요소로서의 사람들을 뜻합니다. 국가라는 틀을 전제하느냐, 아니냐의 차이입니다. 그와는 상관없이 우리나라에서는 그동안 '인민'이라고 해석되어야 할 단어도 '국민'으로 표현했습니다. '인민'이라는 단어가 터부시된 탓입니다.[7] 대수롭지 않을 수 있습니다. 대부분의 사람들은 국적을 가지고 있으니까요. 민주주의를 하나의 국가 내 정치체제라고 이해해도 그렇습니다. 정치는 국가 안에서 행해지니까요.

민주주의와 관련된 연설문 하나를 떠올려봅시다. "of the people, by the people, for the people." 에이브러햄 링컨의 1863년 게티즈버그 연설입니다.[8] 고등학교 사회 교과서에도 가르칩니다. "국민의, 국민에 의한, 국민을 위한 정부가 민주주의 정부다."

갑자기 드는 의구심. 게티즈버그 연설의 people을 국민으로 해석하는 것이 맞을까요? 당연한 해석일 수 있습니다. 국가는 국민을 위해 존재해야 하니까요. 국민이 아니라 영토나 국가 그 자신의 주권을 위해 존재하는 국가는 민주주의라고 부를 수 없습니다. 하지만 국민인지 아닌지는 국가가 정합니다. 국적법은 국가의 수중에 있습니다. 국가가 국적을 박탈할 수 있다면 국민을 위해 존재하는 국가란 허울입니다.

국가의 성립에 관한 사회계약론을 떠올리면 의구심은 증폭됩니다. 사회계약론은 사람들이 먼저 존재하고, 사람들이 자신의 권리를 확실히 보호하기 위해 국가나 사회를 만들었다는 이론입니다. 링컨의 게티즈버그 연설은 사회계약론의 연장선에 있습니다. 그런데 people을 '국민'으로 해석하면 앞뒤가 꼬여버립니다. 국가가 없는 상황에서 국민은 존재하지 않으니까요. 사회계약은 존재할 수 없게 됩니다.

주권이 국민에게 있다는 국민민주주의의 개념은 모순입니다. 인민이 국가를 만들고, 국가가 다시 국민이 되어버린 인민에게 주권을 부여했다고 논리를 구성하는 것도 말장난입니다. 국가는 국적의 유지 및 박탈권을 여전히 가지니까요.

03
누구의
민주주의인가?

　국민민주주의라는 개념에 모순은 존재하지만, 이를 국가 우선주의에 근거한 눈속임이라고 치부할 수는 없습니다. 모순적이라는 평가는 지금의 시선에 불과합니다. 모든 제도는 그 나름대로 이유와 타당성을 지닙니다.

　국민민주주의의 기원은 18세기 말 프랑스혁명으로 거슬러 올라갑니다. 프랑스는 이 혁명을 통해 절대군주제를 벗어납니다. 입헌군주제를 도입하고 입법의회를 구성합니다. 입법의회 구성은 선거로 행해졌는데, 선거를 위해 국적에 관한 규정이 헌법에 도입되었습니다(1791년). 정치에 참여할 사람들의 선을 긋는 작업이 필요했던 거죠.

　　18세기 말로 돌아가 생각한다면 국민민주주의를 국가를 인민에 우선시키는 제도라고 평가절하할 수는 없습니다. 국가는 이미 존재하는 상태였습니다. 국민민주주의는 국가의 주권을 한 명의 절대군주에서 빼앗아 다수 국민에게 건네주는 역할을 했었던 것이죠. 국민민주주의로 인해 주권자를 폭발적으로 넓힐 수 있었습니다.

　　그 역사적 가치를 인정하더라도 지금의 시점에서 국민민주주의가 옹호되어야 하는 것은 아닙니다. 헌법 초안을 만든 유진오는 아래와 같이 회고합니다.

> "인민이라는 말은 구 대한제국 절대군주제 하에서도 사용되던 말이고 미국 헌법에 있어서도 인민(people, person)은 국가의 구성원으로서의 시민(citizen)과는 구별되고 있다. 국민은 국가의 구성원으로서의 인민을 의미하므로, 국가 우월의 냄새를 풍기어 국가라 할지라도 함부로 침범할 수 없는 자유와 권리의 주체로서의 사람을 표현하기에는 반드시 적절하지 못하다. 결국 우리는 좋은 단어 하나를 공산주의자에게 빼앗긴 셈이다."[2]

　　유진오의 입장을 간추려 봅시다. '국민. 절대왕정을 무너뜨리는 상황에서는 효과적인 개념이었을지 몰라도 지금은 아니네. 왕정이 무너지고 일제 강점기에서 막 벗어난 대한민국에서는 '국민'이 민주주의의 취지를 제약하고 있어.' '인민'이라는 단어를 쓰지 못하는 근본적 원인은 해방 이후의 사회 분위기였습니다. 당시 현실에서 구체적 개인, 즉 자유와 권리의 주체인 인민(人民)으로서의 개인은 중요하지 않았습니다. 국가는 개인에게 국민(國民)으로, 국가와의 일체를 이룬 요소로 살아갈 것을 강요했습니다.[10] 이를 고려하면 개인의 자유와 권리가 발달한 지금의 대한민국에서 국민민주주의는 시대착오적인 단어입니다.

한편, 유진오가 언급한 시민(citizen)이라는 단어에 주목해 봅시다. 우리나라의 경우 국가의 구성원을 국적 유무에 따라 국민과 외국인으로만 나누고 있습니다. 하지만 이 국가 구성원의 분류는 국가마다 조금씩 다른 체계를 가집니다. 예를 들어 미국은 국가 구성원을 크게 시민(citizen)과 비시민(non-citizen)으로 나눈 후, 비시민을 국민(national)과 외국인(alien)으로, 외국인을 또다시 이민자(immigrant)와 비이민자(non-immigrant)로 나눕니다.[11] 유진오가 미국의 국가 구성원을 '국민'이 아닌 '시민'으로 표현한 이유입니다. 미국과 달리 캐나다는 국가 구성원을 시민(citizen), 영주권자(permanent resident) 및 외국인(foreign national)으로 나누고 있습니다.

국가에 따라 차이는 있지만, 공통적으로 시민은 제도정치에 참여한다는 혹은 참여할 수 있는 권리를 가집니다. 한국과 같이 시민 개념이 없는 국가에서는 국민과 시민을 동의어로도 볼 수 있습니다. 다만 차이는 있습니다. 국민이 국적을 가진 국가의 구성원이라는 정적(靜的) 개념이라면, 시민은 정치에 참여하고 체제를 변화시키고자 하는 동적(動的) 개념이니까요.

'시민' 개념은 계속해서 확장되었습니다. 모든 국민에게 피선거권을 비롯한 참정권을 부여한 시기는 오래되지 않았습니다. 여성에게 선거권이 부여된 시기도 18세기입니다. 시작 시점이 18세기지, 20세기에 들어와서야 유럽 주요국이나 미국에서 여성이 참정권을 가지게 됩니다. 절대왕정이 깨진 이후에는 민주주의의 한 요소로서 국민이라는 개념이 효용성을 잃었다는 의미입니다. 민주주의에서 중요했던 개념은 오히려 시민입니다. 시민은 정치적 의사결정에 참여할 수 있는 자격을 갖춘 사람을 의미했고, 시대를 거슬러 올라갈수록 그 범위는 더더욱 좁아집니다. 이러한 측면에서 민주주의의 발전은 시민의 폭이 확대되는 과정입니다.[12]

04

민주주의의
상대성

    흔히 현대 민주주의의 기원을 고대 아테네의 정치체제에서 찾습니다. 학교에서는 고대 아테네의 정치체제를 현대 민주주의의 기원이라고 가르치고 배웁니다. 학교 밖에서도 상식으로 받아들여집니다. 언제부턴가 민주주의와 고대 아테네가 동의어가 된 것 같습니다.

    이러한 인식이 통일된 건 아닙니다. 혹자는 고대 아테네의 민주주의가 지금의 눈으로 볼 때 매우 '비민주적'이며 심지어 '반민주적'이라고 평가합니다.[13] 비판의 핵심은 정치에 참여할 수 있는 자격에 있습니다. 자격을 가진 사람이 아테네 전체 인구 중에 너무 적었다는 겁니다.

고대 아테네의 신분은 깔끔하고 명확하게 나누어지지도 않고 중첩되기도 하며 시대에 따라 달라지기도 합니다.[14] 간단히 설명하면 이렇습니다. 아테네의 신분은 제일 먼저 자유인과 노예로 나눌 수 있습니다. 자유인은 다시 시민과 비(非)시민으로 나뉩니다. 비시민은 자유인이긴 하지만 시민권자가 아닌 사람들입니다. 비시민에는 우선적으로 거류외인(외국인)이 들어가지만, 거류외인에 한정되었던 것은 아닙니다. 아테네는 시민권자의 수를 관리하기 위해서 시민의 기준을 경우에 따라서 변화시켰기 때문입니다.

예를 들어 아테네 민주주의의 전성기라고 일컬어지는 페리클레스(Perikles) 시대에 이르면 아테네의 시민권은 양친이 아테네 시민인 자에게만 부여됩니다. 신분제가 강해졌습니다. 게다가 시민계급에 속해 있다고 해서 모두 정치에 참여할 수 있었던 것도 아닙니다. 정치 참여는 시민계급에 속한 성인 남성들로 한정되었습니다. 비판론이 고대 아테네를 비민주적이라 평가한 이유입니다. 아테네에 사는 사람 중에 시민계급에 속한 남성은 소수에 불과합니다.

그럼에도 불구하고 고대 아테네를 현대 민주주의의 기원으로 보는 이유는 무엇일까요? 그 이유 중 하나는 아이러니하게도 시민계급에 속한 남성에게 참정권이 주어졌다는 것입니다. 이 숫자는 그 시대의 눈으로 볼 때 소수라고 볼 수 없다는 것이죠. 실제로 근대 이전 어느 사회를 봐도 외국인과 노예에게 참정권을 부여한 사례는 없습니다. 여성이 참정권을 보유하게 된 것 역시 얼마 되지 않은 게 사실입니다. 그렇다면 여성, 외국인, 노예라는 세 집단에게 참정권을 부여하지 않았다고 해서 비민주적이었다고 평가할 수는 없다는 겁니다. 비판론을 관철하자면 20세기 이전에 민주주의를 취한다고 볼 수 있는 국가는 거의 없었습니다. 아테네는 다른 도시들보다 시민 자격의 기준을 확 낮춰서 시민권을 보편적으로 부여했다고도 볼 수도 있습니다.[15] 그 당시 대부분의 도시는 스스로 무장을 하고 싸우고 죽을 수 있는 '특권'을 가진 사람들, 즉 부유한 사람들에게만 시민 자격을 허락했기 때문입니다.[16]

주권자의 지위에 따라 정치체제를 구분할 때 과두제, 귀족제, 민주제 등으로 나눕니다. 하지만 그 양적 경계선이 명확하지는 않습니다. 시민권을 정치에 참여할 수 있는 자격이라고 할 때, 시민의 자격을 높이면 과두제에 가까워지고 시민의 자격을 낮추면 민주제에 가까워집니다.[17] 이 기준에 따른다면 고대 아테네는 민주적이었던 겁니다.

이 논쟁에서 보듯이 민주주의는 상대적 관념에 불과할지 모릅니다. 평가자의 기준에 따라 그 판단이 달라집니다. 그래서 민주주의를 매개로 논쟁이 계속되는지도 모르겠습니다. 시선에 따라 달라지니까요.

05
<u>약자의 이익을</u>
<u>보호하는가?</u>

정치체제로 볼 때 민주주의는 대세입니다. 나라마다 민주주의 국가임을 자처합니다. 그 이유를 시민의 비율로만 판단할 수는 없습니다. 고대부터 지금에 이르기까지 수많은 정치 형태가 있었으나 민주주의가 완전한 대세로 우뚝 선 것, 민주주의에만 존재하는 독특한 무언가가 있기 때문입니다.

민주주의 비판론자였던 아리스토텔레스(Aristoteles)를 통해 민주주의의 본질을 살펴보고자 합니다. 무엇이든 그에 관한 핵심은 찬성론자가 아닌 반대론자의 견해에서 수월하게 발견됩니다. 제대로

된 반대는 확실한 이해를 바탕으로 하니까요.

아리스토텔레스는 〈정치학〉에서 국가의 정치체제를 여섯 가지로 분류합니다. 왕정, 귀족정, 혼합정을 올바른 정치체제로, 참주정, 과두정, 민주정을 그른 정치체제라고 말합니다. 그에게 있어 올바름의 기준은 해당 정치체제가 누구의 이익을 위해 복무하느냐였습니다. 공동의 이익을 위해 존재하는 정치체제는 올바르다고 보았던 반면 사적 이익을 위해 존재하는 정치체제는 그르다고 보았습니다.

그의 설명을 더 들어봅시다. 왕정은 한 사람이 통치하는 정부들 가운데 공동의 이익을 고려하는 정부를, 귀족정은 한 사람 이상의 소수자가 공동의 이익을 고려하는 정부를, 혼합정은 다수자가 공동의 이익을 위해 통치하는 정부를 의미합니다. 통치자는 달라지지만, 공동의 이익을 위해 복무하는 것은 동일합니다. 이 셋 중 무엇을 이상적으로 생각했는지에 대해서는 학자들에 따라 의견이 갈립니다. 귀족정을 최선의 정체로 삼았다는 견해도 있지만, 모든 사람이 번갈아 지배하고 지배받는 정체를 최선으로 삼았다는 견해도 있습니다. 귀족정을 최선의 정체로 삼았지만 여기서의 귀족정은 소수의 엘리트가 아닌 다수의 탁월한 시민들의 지배를 의미한다는 견해도 있습니다.[18]

아리스토텔레스는 올바른 정치체제가 왜곡되어 사적 이익을 위한 정치체제가 출현한다고 설명합니다. 왕정은 참주정으로, 귀족정은 과두정으로, 혼합정은 민주정으로 왜곡됩니다. 이 정치체제는 시민 전체라는 공동의 이익을 추구하지 않습니다. 참주정은 독재자의 이익을, 과두정은 부유한 자의 이익을, 민주정은 가난한 자의 이

익을 추구할 뿐입니다.[19]

　　우리는 그의 생각을 따라가다 멈칫하게 됩니다. 가난한 자의 이익과 공동의 이익이 분리되는 지점입니다. 약자에 대한 보호를 국가의 존재 이유 중 하나로 보는 현대의 상식과 어긋납니다.

　　그럼에도 불구하고 아리스토텔레스의 이야기를 조금 더 들어봅시다. 민주주의를 긍정적으로 평가한 부분도 있으니까요. 소위 '다중의 우월성'입니다.[20]

> "소수의 우수한 자들보다는 차라리 다중이 최고의 권위를 가져야만 한다는 주장은 어떤 난점을 지니고 있으나 그래도 참된 것으로 보인다. 왜냐면 다수는 개인적으로 훌륭한 자가 아니지만 함께 모임으로써, 즉 각자로서가 아니라 집단적으로서 소수의 뛰어난 자들보다도 더 나을 수가 있다."
>
> 아리스토텔레스, 〈정치학〉 중에서

　　아리스토텔레스는 정체마다 시민의 자격 기준을 정리해 놓았습니다. 민주주의에서의 시민권 부여 기준은 '평등'입니다. 민주정에서는 빈자와 부자가 같은 발언권을 가지고 평등하게 참여합니다. 정체 중 가장 많은 자유가 존재합니다. 이와 다르게 과두정에서는 높은 관직에 오르는 데 높은 재산을 요구하므로 가난한 사람들이 참여할수 없습니다.

　　결국 아리스토텔레스에 따르면 민주주의 여부를 가르는 본질적인 기준은 가난한 사람의 참여 가능성입니다. 시민이 많고 적음이 아닙니다. 그 역시 시민의 수로 정체를 구별하고는 있습니다만, 이는 소수인 부자와 다수인 빈자의 인구 차이에서 파생된 부수적인 속성에 불과합니다.[21]

　　약자의 이익 보호 관점으로 돌아가 봅시다. 아리스토텔레스는 이를 이유로 민주주의를 옳지 못한 정치체제라 평가했습니다. 하지만 우리의 생각은 다릅니다. 약자의 이익 보호는 절대 포기할 수 없는 가치입니다. 이것 때문에 사회계약이 필요했습니다. 그렇다면 민주주의가 대세가 된 이유는 약자 보호에 가장 충실한 정치체제이기 때문이라고 할 수 있습니다. 민주주의의 가치 또한 약자 보호에 있다는 의미입니다. 약자 보호가 뒷전으로 밀린 처진 사회라면 민주주의 사회라고 할 수 없을 것입니다.

06
자본이 삼킨
민주주의

     민주주의라 하면 제일 먼저 떠오르는 것은 1인 1표, 보통·직접·비밀·무기명 선거입니다. 아리스토텔레스는 선거방식 때문에 어떤 사안이건 가난한 자의 이익으로 결론 날 것이라 생각했습니다. 투표권자 모두가 당연히도 계급투표를 하리라 생각했습니다. 정말 그럴까요? 2021년 기준 한국의 상위 1% 평균 소득은 4억 5,856억 원이었던 반면에 하위 80%의 평균 소득은 870만 원이었습니다.[22] 53배의 격차입니다. 모두가 계급투표를 했다면 빈부격차는 이렇게 벌어지지 않았을 겁니다. 진보정당들이 원내 과반수의 의석을 차지했을 것이며, 어떻게든 최저임금의 수준을 높였을 테니까요.

합리적 선택이라는 계급투표가 어려운 이유. 지역일 수도, 국가관일 수도, 경제 상황일 수도, 당선 가능성일 수도 있습니다. 모두 개인의 고려 사항입니다. 이것들을 작동시키는 것은 무엇일까요?

일용직 노동자의 투표 가능성을 생각해봅시다. 그는 투표 시간이 시작되기 전부터 일터에 나갑니다. 그가 투표를 했다는 건 하루 일당을 포기했다는 의미입니다. 일터가 가깝지 않다면 퇴근 후 투표도 어렵습니다. 사전투표도 마찬가지입니다. 사전투표일에도 일을 나갑니다. 법으로만 따지자면 투표 시간이 보장됩니다. 위반하는 고용주는 과태료를 내야 합니다. 하지만 일용직 노동자의 현실에서는 법이 원활히 작동하지 않습니다.[23]

현대 민주주의의 상징이라는 미국의 대통령 선거에서 자본의 영향력은 직접적입니다. 2010년 미국 대법원은 슈퍼팩(SuperPAC: 특별 정치활동위원회)을 통해 선거자금을 무제한으로 모으는 것이 합법이라고 판결합니다. 기업들이 정치광고에 무제한으로 돈을 쓸 수 있게 되었습니다. 실제로 2015년 상반기 슈퍼팩 모금액 3억 1,368만 달러의 절반은 300여 명의 돈으로 채워졌습니다. 그들은 1인당 10만 달러 이상을 내놓았습니다. 지미 카터(Jimmy Carter) 전 미국 대통령의 비판이 예리합니다. '미국의 정치제도는 과두제로 변했다. 제한 없는 기업의 정치자금은 뇌물에 불과하다.'[24]

자본이 민주주의에 가하는 위협은 넓고 은밀합니다. 어느 날 박영선 전 의원에게 삼성그룹 퇴직자라고 밝히는 한 남성이 찾아왔습니다. 그가 박 전 의원에게 건넨 건 컴퓨터 하드디스크. 이 안에는 최신 휴대폰 시제품을 선물한 명단이 있었습니다. 실제로 선물이 행해졌는지 확인된 바는 없지만, 그 명단에는 다수의 판검사가 포함되었습니다. 박 전 의원의 지적은 무섭기까지 합니다. '가랑비에 옷 젖는다. 자그마한 선물 때문에 수사나 판결할 때 영향을 받는다면 큰 문제다.'[25]

"권력은 이제 재벌에게 넘어갔다." 노무현 전 대통령은 재임 시절 이렇게 한탄했다고 합니다.[26] 〈지젝(Zizek)!〉을 만든 미국의 다큐멘터리 감독 에스트라 테일러(Astra Taylor) 역시 같은 진단을 합니다. 그는 아테네인이 생각하는 인민의 지배를 가난한 자들에 의한 지배로 단순화시킵니다. 아리스토텔레스의 이해를 그대로 가져온 것입니다. '우리는 지금 〈자본주의로부터 민주주의 구하기〉라는 무시무시한 과제에 직면해 있다.' 형식적인 1인 1투표제만으로는 민주주의를 보장하지 못한다는 것입니다.[27]

1인 1표만으로 민주주의라는 정치체제가 완성되지는 않습니다. 자본은 1인 1표라는 수단을 그대로 놓아둔 채 결과를 유리하게 바꿉니다. 한 표를 행사하는 한 사람의 생각을 바꿉니다. 글의 서두에서 언급한 53배의 소득 격차는 그렇게 발생합니다. 빈부격차의 원인을 우리에게서 찾을 수도 있습니다. 철학자 이진우는 착취에 대한 무감각을 지적합니다. 누가 착취자인지도 모른 채, 착취당하고 있다는 사실도 모른 채 착취당하고 있다는 것입니다.[28]

자본주의가 민주주의를 위협하고 있다. 이 주장은 20세기 말에 새롭게 나온 과장된 견해가 아닙니다. 오히려 카를 마르크스는 자본주의를 통해 민주주의를 달성할 수 없다고 단언합니다. 자본주의는 그 특성상 소수가 다수를 지배하는 것을 포기할 수 없기 때문입니다. 고대로부터 내려온 주인-노예의 이분법은 중세에 들어와 영주-농노로, 산업자본주의에서는 고용주-노동자로 바뀌었습니다. 이름만 다를 뿐 소수 지배의 본질은 동일하다는 것이 그의 통찰이자 〈자본론〉을 쓰게 만든 계기였습니다. 그는 민주주의를 달성하기 위해서 모든 착취적인 생산 관계를 철폐해야 한다고 말합니다.[29]

그렇다면 공산주의 국가는 더 민주적일까요? 자본주의의 반동으로 출현한 사상이 공산주의니까요. 소련 스탈린주의의 중심 사상은 '인민은 국가와 인민을 위해 봉사하고, 국가는 인민을 위해 봉사한다'였습니다. 하지만 슬라보예 지젝(Slavoj Žižek)은 현실의 스탈린주의에서는 봉사하는 사람만 있지, 봉사 받는 사람은 없다고 비판합니다. 강령에 적힌 '봉사 받는' 인민은 '봉사하는' 인민과 같은 사람이 아니라 폭압적인 허구, '모든 현존하는 개인이 그에 봉사해야만 하는 끝없이 끔찍한 희생을 요구하는 신의 다른 이름'이라는 겁니다.[30]

슬라보예 지젝은 현대 민주주의 정치체제의 함정을 한마디로 정리합니다. 인민이 주인이 아닌 신(神)이라는 데 있다. 여기서 신은 종교적인 신이 아닙니다. 근대 이전에 인류가 섬겨왔던 허구적이지만 폭압적인 신입니다. 지배체제의 역사는 큰 틀에서 신(神)의 지배, 왕(王)의 지배, 민(民)의 지배 순으로 변해왔습니다. 지배자가 비가시적 타자에서 가시적 타자로, 그리고 가시적 자아로 바뀌었습니다. 민주주의란 이 가시적 자아에 민(民)을 놓는 것입니다. 하지만 자본주의가 발달하면서 이 '민(民)'의 실체가 증발할 위기에 놓여버렸습니다. 증발이 끝난다면 '민(民)'은 비가시적 타자의 새로운 이름으로 탄생할 것입니다.

민(民)이 실제로 주권자로서 존재할 것. 민주주의의 전부입니다. 모호하다고는 이야기할 수 있어도 알 수 없는 것은 아닙니다. 링컨의 게티즈버그 연설이 중요한 위치를 차지하는 이유는 그에 대한 힌트를 주었기 때문입니다. 인민을 위할 것, 인민에 의할 것, 인민의 통치일 것. 어느 하나라도 누락된다면 민주주의라고 할 수 없습니다. 플라톤이 말한 철인왕(哲人王)이 실제로 국가를 지배한다고 하더라도, 그 체제가 인민들의 삶에 물질적 행복을 가져다준다고 가정하더라도 그건 민주주의라 할 수 없습니다. 인민에 '의한' 통치가 아니기 때문입니다.[31]

07

<u>자유, 평등,</u>
<u>연대</u>

    통치하는 인민은 실재해야 한다. 민주주의의 기본 전제입니다. 실재의 특징은 셀 수 있음, 즉 측량 가능성입니다. 흔히 민주주의를 다수결과 동일시하는 이유입니다. 우리도 일상에서 다수결로 하자고 말합니다. 이 제안 앞에는 '민주주의 원리에 따라'라는 말이 생략되어 있습니다. 민주주의가 다수결이라는 말에 모두가 동의하는 것은 아닙니다. 민주주의의 전당이라는 국회 역시 마찬가지입니다. 합의를 이루지 못한 법안이 통과될 때마다 논란이 있습니다. 한편에서는 날치기다, 민주주의를 유린했다고 말합니다. 반대편에서는 국민이 주신 의석이다, 이게 민주주의라는 말이 나옵니다. 회기가 바뀌어도 나오는 말들은 항상 똑같습니다. 민주주의와 다수결에 관해 생각해 볼 필요가 있습니다.

민주주의를 다수결로, 다수결을 민주주의로 치환하는 이유는 두 가지 때문입니다. 첫 번째, 민(民)의 견해는 하나로 합의될 리 없다. 두 번째, 지배권은 승자 혹은 다수에게 주어져야 한다. 이 두 관념이 동시에 자리 잡으면 민주주의는 다수결과 같은 의미가 되어 버립니다.

첫 번째 관념에 대해서는 수긍이 쉽습니다. 민(民)이 실재한다면 민(民)의 생각들이 하나일 리는 없으며, 하나이기를 강요할 수도 없습니다. 한 사람 한 사람은 그 자체로 개별적이고 구체적입니다. 이것은 현상인 동시에 당위입니다.

논란이 되는 것은 두 번째 관념입니다. 긍정할 수 있습니다. '지배권은 승자인 다수에게 돌아가야 한다. 소수가 지배해서는 안 된다.' 하지만 다음과 같은 의문도 제기됩니다. 민(民)을 승자나 패자로 나누고 승자에게 지배권을 부여하는 것이 민주주의에 부합하는 걸까? 이건 민(民) 내에서 다시 새로운 지위, 차등적 지위를 부여하는 것이 아닐까?

긍정하는 입장에서는 이 의문에 대해 '몽상가적'이라며 코웃음 칩니다. 다수와 소수, 승자와 패자를 가르지 않고서는 결정을 내릴 수 없다는 것입니다. 민주주의는 의사결정의 수단이라는 것입니다. 다양한 선택지 가운데 결정을 내리기 위해서는 당연히 무엇이 다수의 의견인지 판단하는 절차가 필요하다는 반박입니다. 이 절차가 무시된다면, 혹은 불필요하거나 없어져야 한다고 주장한다면 오히려 그게 민주주의에 반한다고 역설합니다. 의사결정을 위해서는 무언가 하나를 택해야만 합니다. 다수자와 소수자가 갈라지는 건 어쩔 수 없는 일입니다.

하지만 다수결은 의사결정의 방법일 뿐입니다. 다수결이 민주주의를 담보한다고 볼 수는 없습니다. 예를 들어 생각해 봅시다.

어떤 학급에 20명의 학생이 있고 이 중 한 명인 A에 대해 집단따돌림이 있습니다. 이 상황이 민주적이라고 생각하는 이는 없을 겁니다. 그런데 이 상황에 조건을 추가해 봅시다. A에 대한 집단따돌림이 학급 투표를 거쳐서 행해졌다는 것입니다. 그 결과도 11대 9나 12대 8이 아니라 19대 1이었습니다. 아니 더 심할 수도 있습니다. 학급 구성원 분위기를 보니 A도 반대하기가 쉽지 않았습니다. 결국 A를 포함한 20명 전원이 찬성하는 표를 던지게 됩니다. 회의를 통한 투표까지 마쳤지만, 이 상황을 민주적이라고 할 사람은 없습니다. 무엇이 문제일까요? 그것은 민주주의를 의사결정 수단으로 치부했다는 데 있습니다.

2인 이상이 모인 공동체에서 의사결정을 피할 수는 없습니다. 의사결정은 다수결로 할 수도 있겠지만, 다른 방법으로도 가능합니다. 만장일치제도 있고 숙의제도 있습니다. 다양한 의사결정 방법 중에 다수결이 가장 간편하고 빠르긴 합니다만, 가장 민주주의에 부합하는 방법은 아닙니다. 다수결에서는 소수의 의사가 없는 것처럼 생략되어 버립니다. 만일 다수와 소수가 사안에 따라 바뀔 수 있는 사안이라면, 또한 기존의 다수와 소수 그룹이 지니고 있던 것들이 앞으로 결정해야 할 사안들에 영향을 미치지 않을 수 있다면, 다수결이 합리적일 것입니다. 하지만 대부분의 사안은 그렇지 않습니다. 한정된 자원의 배분에 있어 소수에 대한 자원 확충은 필연적으로 다수가 가진 자원을 박탈하게 되니까요. '기득권층의 반발'이 일어납니다. 개혁이 혁명보다 어려운 이유입니다.

민주주의는 방법이나 도구가 아닙니다. 민주주의는 이념이며 가치입니다. 다만 민주주의가 내포한 이념이 무엇인지에 관해서는 견해가 다양합니다. 또 학자에 따라 계속 늘어가는 추세입니다. 요즘 유행하는 버킷리스트 같습니다.[32] 민주주의가 텅 빈 기표라는 말과 통합니다. 절대선(絕代善)인 텅 빈 기표이니 모든 소망을 담을 수 있습니다.

그럼에도 불구하고 민주주의라는 배에 공통적으로 태우는 이념이 있습니다. 자유와 평등입니다. 현대로 들어온다면 연대가 더해질 것입니다. 시민혁명을 통해 1794년 채택된 프랑스 삼색기의 색깔은 자유(Liberté), 평등(Egalité), 박애(Fraternité)였습니다. 형제애 또는 우애로 번역되기도 하는 박애(Fraternité)는 연대의 선행 개념입니다.[33] 그렇다면 현대 민주주의 이념이라 부를 수 있는 자유, 평등, 연대가 무엇인지 천천히 살펴볼 필요가 있습니다.

08
자유는
혼자가 아니다

우리나라에서 '자유'라는 단어가 사용되기 시작한 시기는 19세기입니다. 서양의 문물과 사상이 들어오면서 '자유'도 들어왔습니다. 영어인 'freedom'과 'liberty'가 '자유(自由)'로 번역되었습니다.[34] 서양에서 자유의 개념이 시작되었지만, 그 내용이 일정하지는 않았습니다. 고대 그리스와 로마에서의 자유는 개인이 가지는 권리가 아니었습니다. 자유는 노예가 아닌 상태, 즉 상태적 개념에 가까웠습니다.[35]

플라톤은 〈국가〉에서 자유를 '엑수시아(exousia)'와 '엘레우테리아(eleuteria)'로 구별합니다. 엑수시아가 모든 것을 내 마음대로 할 수 있는 자유인 반면, 엘레우테리아는 이성의 인도를 받는 자유, 즉 선악을 구분할 수 있는 자유입니다. 정치 이념으로서 요구되는 자유는 엑수시아가 아닌 엘레우테리아입니다.

　　실제로 고대 아테네에서는 사상과 언론의 자유가 철저히 보장되었습니다. 비판의 대상에는 예외가 없었으며 내용은 신랄했습니다. 민주주의에 대해 심한 비판을 가했던 플라톤과 아리스토텔레스의 저서가 발행될 수 있었던 이유 역시 여기에 있습니다. 특히 플라톤은 출판물에 대한 검열을 옹호하는 철학자이기도 했는데 말이지요. 고대 아테네에서 언론의 자유에 대한 문제 제기는 거의 없었다고 해도 과언이 아닙니다. 언론의 자유가 민주적 정치체제의 근간이었기 때문입니다.[36]

　　엘레우테리아에서 볼 수 있듯 고대로부터 자유에 강조된 성격은 무질서가 아닌 질서였습니다. 중세 철학자 아우구스티누스(Aurelius Augustinus) 역시 자유를 참된 것과 그렇지 않은 것으로 구분했습니다. 참된 자유를 최고 이성인 영원법에 복종하려는 의지로 규정했습니다.

　　자유의 질서적 성격은 존 로크(Jhon Locke)에게서 더욱 짙어집니다. 이전까지 자유에 대한 논의가 대개 질서적 자유와 무질서적 자유로 나누어 전개되었다면, 존 로크는 자유를 질서적 상태로 인식합니다. 그는 〈통치론〉 제29절에서 자유를 인간으로서 타고난 자유와 사회 속에서 사는 인간의 자유로 나눕니다. 타고난 자유가 타인의 영향을 받지 않고 오로지 자연법으로만 구속되는 자유라면, 사회적 자유는 제정된 국가법의 영향만을 받습니다. 사회 속 인간은 일차적으로는 법의 지배를, 법이 갖추어지지 않은 경우에는 자연법에 구속되게 됩니다. 그 내용을 옮겨봅니다.

> "이것이 자유의 상태이긴 하지만 방종의 상태는 아니다. … 자연 상태를 지배하는 자연법은 모든 사람에게 적용된다. 바로 그 법인 이성은 그것을 따라야만 하는 전체 인류에게 모든 인간은 평등하고 독립적이므로 다른 사람의 생명, 건강, 자유 또는 소유물을 해칠 수 있는 사람은 아무도 없다고 가르친다."[37]

존 로크에게 자유는 방종과 명확히 구분되는 개념이었습니다. 자연적 자유 역시 자연법을 따라야 하기에 모든 자유는 어찌 되었든 법의 구속을 받게 됩니다. 존 로크의 자유는 권리이자 의무였습니다.[38]

밀(John Stuart Mill)은 한 발짝 더 나아갑니다. 〈자유론〉을 통해 자유의 제한 원칙을 제시함으로써 자유가 지향하는 바를 채웠습니다. 그가 제시한 자유의 제한 원칙은 총 네 가지. 해악의 원칙, 공리주의 원칙, 불쾌감의 원칙, 제한적 후견주의 원칙이었습니다.[39]

첫째, 밀은 다른 사람에게 해악을 끼치는 것을 막기 위한 목적이라면 당사자의 의사에 반해 권력이 사용되는 것도 정당하다고 하였습니다(해악의 원칙).

둘째, 윤리적 문제의 기준을 효용으로 삼았던 공리주의자 밀은 각 개인이 타인에게 마땅히 도움이 되는 일을 하여야 한다고 하였습니다. 더 나아가 사회가 이러한 일을 하지 않는 개인에게 그에 따른 책임을 묻는 것은 당연하다고 하였습니다(공리주의 원칙). 그 예로는 법정 증언, 사회의 이익을 위해 필요한 공동 방위나 공동 작업, 위험에서 이웃을 구하는 일, 자선의 손길을 내미는 일 등을 들고 있습니다.

셋째, 밀은 미풍양속을 위반하여 타인에게 불쾌감을 주는 행위 역시 제한이 필요하다고 했습니다(불쾌감의 원칙). 예를 들자면 사람이 많은 거리에서 옷을 모두 벗거나 애정행각을 벌이는 등의 행위입니다.

넷째, 후견주의란 누군가의 발전이나 이익을 위해 그의 자유를 제한하는 원칙입니다. 이에 대해 밀은 기본적으로 반대합니다. "물리적 이익이든 도덕적 이익이든 그 자신의 이익은 충분한 근거가되지 못한다. 어떤 행동을 하는 것이 그에게 더 좋다는 이유로, 그것이 그를 더 행복하게 만들 것이라는 이유로, 타인들이 보기에 그렇게하는 것이 현명하다거나 혹은 심지어 올바르다는 이유로 그가 어떤행동을 하거나 하지 않도록 강제되는 것은 정당화될 수 없다."[40] 하지만 밀이 모든 경우에 있어 후견주의를 반대했던 건 아닙니다. 그 역시 위험한 다리를 건너려는 사람을 보았을 때 위험성을 경고하고, 진정한 의사를 확인하기 위해 그를 잡아두는 것은 가능하다고 합니다. 행위자의 의사결정과정을 확인하기 위해 개입할 수 있다는 것입니다. 후견주의를 제한적이고 예외적으로 허용하고 있다고 평가할 수있습니다(제한적 후견주의 원칙).

사유의 변천 속에서 우리가 알 수 있는 것은 자유의 성격입니다. 자유라는 개념을 무엇이나 할 수 있는 것 혹은 무엇에도 방해받지 않는 것으로 생각할 수 있지만, 실은 그렇지 않다는 것입니다. 어떤 방해도 받지 않고 마음대로 하기 위해서는 홀로 있어야 합니다. 하지만 홀로 있는 상태에서는 자유라는 개념이 필요하지 않습니다. 자유는 이념이면서도 권리인데 홀로인 상태에서는 권리를 주장할 상대방이 없기 때문입니다. 혼자 살아감에 있어서는 이념도 필요하지 않습니다.

결국 자유는 타인과의 관계 또는 공동체 내에서만 의미를 가지게 됩니다. 나의 욕구는 모두 충족될 수 없습니다. 타인의 욕구와 충돌할 수밖에 없기에 조절이 불가피합니다. 결국 자유라는 개념에는 타인에 대한 고려, 타인과의 협력이 전제되어 있습니다. 자유는 관계적 개념인 것입니다.

09
평등의
생김새

고대 아테네 민주주의 이념으로 자유에 앞서 꼽히는 이념은 평등입니다. 시민의 자격에서 재산의 기준을 없애고 혈통의 기준을 낮춘 것만 봐도 알 수 있습니다. 학자에 따라서는 시민 자격의 포괄성(inclusiveness)을 평등과 구분되는 별도의 특징으로 삼기까지 합니다.[41] 이러한 포괄성 역시 고대 아테네 민주주의에서 평등이 얼마나 중요한 역할을 하고 있었는지 보여줄 뿐입니다. 다만 그 당시의 평등이 지금 강조되는 경제적 평등까지 나아갔던 것은 아닙니다. 정치적 평등에만 머물러 있었습니다. 평등을 나타내는 용어는 두 가지였습니다. 법 앞에서의 평등을 의미하는 이소노미아(isonomia), 그리고 평등한 발언권을 의미하는 이세고리아(isēegoria)였습니다. 만일 평등을 이렇게만 이해하는 정치인들이 있다면 고대 아테네로 타임슬립 시켜주고 싶습니다.

고대 아테네에 시민들의 대표라는 개념은 존재하지 않았습니다. 개개인이 각각 하나의 정치 단위였습니다.[42] 소송 사건을 다루었던 6,000명의 배심원단은 매년 추첨을 통해 정해졌습니다. 민회를 뒷받침하는 500인 협의회의 위원들 역시 추첨을 통해 부족별로 50명씩 선발되었습니다. 이러한 민주 정체를 가능하게 했던 것은 노예제였습니다. 노예들이 있었기에 시민들이 노동에서 해방된 상태로 정치에 참여할 수 있었습니다.[43] 아리스토텔레스 역시 〈정치학〉을 통해 시민이 갖추어야 할 것으로 여가를 들고 있습니다. 그는 육체노동자가 정치에 참여하는 것을 부정적으로 보았습니다. 여가가 없기에 정치와 철학에 대해 사유할 시간이 없다는 것이었습니다.

여기서 우리는 정치적 평등이 투표권의 평등, 피선거권의 평등에만 머물러 있지 않음을 알게 됩니다. 투표권이 평등하게 주어진다고 해도 먹고살기에 바쁘다면 투표장에 나가는 것은 사치일지도 모릅니다. 연령이 되면 누구나 공직 선거에 입후보할 수 있다고 해도 선거 운동을 위해 생업을 중단할 시간이 없으며 선거 운동에 쓸 돈이 없다면, 내가 가진 피선거권은 허상에 불과합니다. 정치적 평등을 위해서는 정치적 권리를 향유할 수 있는 물질적, 시간적 여유가 필요합니다. 정치적 평등은 경제적 평등 혹은 사회적 평등을 딛고 있어야만 가능합니다.

'평등'은 일상에서 빈번하게 사용되지만, 쉽지만은 않은 단어입니다. 표준국어대사전에 따르면 평등이란 권리, 의무, 자격 등이 차별 없이 고르고 한결같은 상태입니다. 복수의 개체를 전제로 한 비교 개념입니다만, 이 비교가 간단치 않습니다. 비교의 대상인 개체가 동일성을 가진다면야 둘 간의 비교는 수월할 것입니다. 하지만 사람은 모두 고유한 특성을 가집니다. 성별이 다르고, 부모가 다르고, 얼굴 등 생김새가 다르고, 취향도 다릅니다. 살아온 역사도 다릅니다. 고유하게 독립된 개체를 평등하게 다룬다는 것은 쉬운 일이 아닙니다. 하나의 사실을 놓고서도 평등한지가 다투어지는 이유는 바로 이 때문입니다.

　　평등 여부에 대한 판단이 달라지는 것은 사람마다 생각하는 평등에 차이가 있다는 의미입니다. 평등이 차이 없음을 이야기하는데 '차이 없음'에 대한 인식에도 차이가 납니다. 그렇다면 평등은 얼마나 어려운 것일까요? 브라이언 터너(Bryan S. Turner) 역시 비슷한 생각을 했던 것 같습니다. 사회적 평등을 네 가지로 유형화했습니다. 본체론적 평등, 기회의 평등, 조건의 평등, 결과의 평등입니다. 다음 글부터는 터너가 제시한 유형을 따라 관점들의 차이를 살펴보겠습니다.[44]

10
모든 사람은
왜 동등할까?

인간은 태어나면서부터 자유롭고 평등하며, 스스로 행복을 추구할 수 있는 권리를 지닌다. 중학 시절부터 배우는 천부인권론(자연권론)의 내용입니다. 사회계약설의 근간이었으며 17세기부터 발생한 시민혁명의 이념이었습니다. 국가 이전에 인권이 존재했으니 '짐은 곧 국가'라고 주장하는 왕의 목을 베는 건 문제가 되지 않습니다. 천부인권론은 지금 우리나라를 비롯하여 각국의 헌법과 국제 인권선언에 표현되어 있습니다.

조선 후기에 발생한 동학은 천부인권론에서 한발 더 나아가니다. 사람이 곧 하늘이다(인내천, 人乃天). 동학사상의 핵심입니다. 서양의 천부인권론이 인권을 하늘(자연)로부터 받았다고 생각한다면 우리나라의 동학은 사람을 하늘과 같다(인즉천, 人卽天)고 여깁니다. 그러하기에 동학에서는 하늘의 마음이 곧 사람의 마음(천심즉인심, 天心卽人心)인 것이며, 사람을 받드는 것이 곧 하늘을 받드는 것이 됩니다. 서양의 천부인권론이 왕권신수설에 대한 저항적 성격이 강하다면 동학사상은 인간의 존엄성 그 자체에 초점을 맞추었습니다.

천부인권론이든 동학사상이든 가리키는 것은 동일합니다. 모든 사람이 동등하게 귀중하다. 신분제가 극복된 현대사회에서 이것은 당위 명제를 넘어 진리 명제로 인식됩니다. 브라이언 터너가 사회적 평등의 첫 번째 유형으로 제시한 본체론적 평등이 바로 이것입니다. 기본적 평등이라고도 할 수 있습니다.

2023년 한 아파트 분양 광고가 인터넷을 달구었습니다. 논란의 중심은 서울시 서초구 소재 아파트 분양 홈페이지의 홍보문구. "언제나 평등하지 않은 세상을 꿈꾸는 당신에게 바칩니다." 정말 용감했습니다. 노이즈 마케팅을 노린 것이라고 생각하기에는 선을 넘었습니다. 인터넷에서는 천박한 자본주의적 발상이라는 비난이 들끓었습니다. 홍보 포인트 중 하나였던 해외 건축가가 성추문에 휩싸인 사실까지 알려졌습니다. 그 실질은 우리 사회가 진리로 믿고 있는 본체론적 평등을 들이받은 것에 대한 분노였습니다. 시행사는 해당 문구를 삭제하고 홈페이지에 사과문을 게재할 수밖에 없었습니다.[45] 이처럼 본체론적 평등은 지금 시대에서 허물어질 수 없으며, 허물어져서도 안 되는 당위성을 지닙니다. 만민이 평등하다는 것입니다.

본체론적 평등은 실용성과는 거리가 멉니다. 본체론적 평등이 규범적 판단의 잣대로 쓰이는 경우는 현실에서 거의 없기 때문입니다. 위의 아파트 홍보문구 역시 마찬가지입니다. 표현을 살짝 바꿔봅시다. "언제나 평등하지 않은 세상을 꿈꾸는 당신에게 바칩니다."가 아니라 "특별한 당신에게 특별한 세상을 바칩니다."라고 말이죠. 그랬다면 누구도 문제 삼지 않았을 것입니다. 그 속뜻이 동일해도 문구상으로 본체론적 평등을 위반하지는 않았으니까요.

　　본체론적 평등은 다른 평등 유형의 총론과 같은 역할을 함과 동시에 질문을 던집니다. 어떻게 해야 모든 사람을 동등하게 대우하는 것이냐고 말입니다.

11
사다리 걷어차는
사회

자본주의 사회에서 널리 알려진 평등 유형, 바로 기회의 평등입니다. 기회가 동일하게 주어졌다면 평등하다는 관념입니다. 문재인 전 대통령 취임사에도 등장합니다. "문재인과 더불어민주당 정부에서 기회는 평등할 것입니다. 과정은 공정할 것입니다. 결과는 정의로울 것입니다."[46] 이 문장을 도식으로 바꿔봅시다.

평등한 기회 + 공정한 과정 = 정의로운 결과

이 도식은 '능력주의 사회'를 표상합니다. 능력주의란 개인이 지닌 실력, 능력과 노력 등에 따라 사회적 자원이 배분되어야 한다는 관념입니다. 그렇게만 된다면 출생 등과 같은 개인적 배경은 자원 배분에 영향을 미치지 못할 것이라는 생각입니다. 자본주의 사회의 중심 이념입니다.

하지만 이것은 희망 사항에 불과합니다. 개인의 배경이 기회의 획득에 영향을 미칠 수는 없다고 하더라도 기회의 활용에는 영향을 미치게 됩니다. 같은 대학, 같은 전공의 졸업생이라 할지라도 취업하는 기업과 시기는 달라집니다. 할아버지의 돈으로 해외연수를 다녀오고 아버지가 사준 승용차로 통학하며 어머니의 카드로 용돈을 쓰면서 취업을 준비하는 사람이 있는 반면, 평일 과외와 주말 물류창고 아르바이트를 통해 생활비를 벌어가며 취업을 준비하는 사람도 있습니다. 두 사람의 재능과 노력이 동일하다 해도 대기업과 같이 좋은 일터에 정규직으로 취업할 확률은 전자가 훨씬 더 높습니다. 입사 시험의 기회가 다르게 주어진다거나, 입사 과정이 오염되어서 발생하는 결과가 아닙니다. 두 사람이 원래 가지고 있었던 자원이 달랐기 벌어지는 문제입니다.

비단 취업뿐일까요? 대학 입시 또한 마찬가지입니다. 2015년 연구는 부모의 소득에 따라 자녀의 수능 성적 등급이 달라짐을 수치로 보여줍니다.[47] 5분위로 구분된 소득 계층에서 계층이 높아질수록 자녀의 중위권 이상의 수능 등급 비율이 올라가고 있었습니다. 그 결과 4년제 대학 진학률은 소득 계층에 따라 30.4%(1분위) ⇨ 41.1%(2분위) ⇨ 53.4%(3분위) ⇨ 62.3%(4분위) ⇨ 68.7%(5분위)로 비례하여 증가

합니다. 부모의 소득이 낮을수록 4년제 대학 진학을 포기하는 경향이 높아집니다.

고등학교 입시 역시 그렇습니다. 2019학년도 전국 8개 영재학교 입학자 분석 결과에 따르면 서울·경기 지역 출신 입학자가 전체의 70.1%를 차지하고 있습니다.[48] 이것은 학교의 소재지 때문이 아닙니다. 대전과학고는 대전 출신이 17.9%인 반면 수도권 출신은 69.5%였습니다. 부산의 한국과학영재학교는 부산 출신이 17.7%인 반면 수도권 출신은 64.5%였습니다. 또한 서울·경기 지역에 인구가 많아서도 아닙니다. 입학생들의 출신학교를 분석한 결과 서울은 상위 5개 구(강남구, 양천구, 노원구, 서초구, 송파구)가 전체 서울 지역 입학생(319명)의 69.9%(233명)를 차지하고 있었습니다. 경기는 상위 5개 시(고양시, 성남시, 용인시, 안양시, 수원시)가 전체 경기 지역 입학생(266명)의 71.4%(190명)를 차지하고 있었습니다. 결국 소득이 높아 학원가가 밀집한 지역에 입학생이 쏠려 있는 것입니다. 참고로 서울과학고 입학생(128명)의 48.4%(62명)가 강남 대치동의 특정학원 출신이었습니다.

이에 대한 구본창의 지적은 매섭습니다. '직업, 학벌, 경제력 같은 부모의 특권이 교육제도를 통해 자녀에게 대물림되는 구조가 고착되고 있다.' 사회적으로 미력한 부모의 배경을 가진 계층은 안정적인 삶을 살기 어려운 구조가 연출되고 있다는 것입니다.[49] 입시를 통한 사다리 걷어차기인 셈입니다. 결국 기회의 평등과 공정한 과정만을 요구하는 능력주의는 정의를 담보할 수 없다는 말입니다. '능력주의'라는 말의 탄생 또한 동일한 관점에서 이루어졌습니다. 영국의 사회학자 마이클 영이 1958년 〈능력주의의 등장〉을 통해 처음 사용했는데, '능력주의'란 영국 교육제도에 대한 풍자적 용어였으니까요.[50]

12

출발선의
차이

　브라이언 터너가 제시한 세 번째 사회적 평등은 조건의 평등입니다. 기회를 모두에게 주는 것만으로는 공정한 경쟁이 가능하지 않다는 생각입니다. 조건까지 맞추어야 공정한 경쟁이 가능하다는 것, 그래야만 합리적이고 수긍할만한 결과가 도출된다는 것입니다. 기회를 넓게 보아 조건까지 동등하게 갖추어진 상태로 해석할 수도 있습니다. 만일 그렇다면 기회의 평등은 '형식적 기회의 평등'이, 조건의 평등은 '실질적 기회의 평등'이 될 것입니다.

　청년 취업 시장을 떠올려 봅시다. 자본주의 사회에서 일자리는 서열화되어 있습니다. 중소기업보다는 대기업이나 공기업이 낫고, 동일한 중소기업이라고 하더라도 2·3차 하청 사업장보다는 1차 하청 사업장이 낫습니다. 하나의 기업 안에서는 계약직 일자리보다는 정규직 일자리가 낫습니다. 소위 말하는 좋은 일자리는 그 희소성이 전제됩니다.

공정한 경쟁은 평등한 기회 제공을 전제로 합니다만, 기회는 입사 시험 응시 기회와 같은 형식적 기회에 국한되어서는 안 됩니다.[31] 직업 확보를 위한 능력 형성 기회, 즉 실질적인 기회까지 평등하게 보장되어야 합니다. 조건의 평등이 필요하다는 이야기입니다. 조건이 다르다면 좋은 직업에 대한 접근 기회가 차별적이었다고 말할 수 있습니다. 노동권적 차원에서 바라본다면 노동시장 진입 전부터 노동 기회가 제한되고 있음을 의미합니다. 공지영의 소설 제목인 '의자놀이'로도 표현할 수 있습니다([그림 1]). 세 개의 의자를 차지하기

[그림 1] 미취업 청년의 노동권 제한 상태

* 출처 : 양승광. (2018). 미취업 청년의 노동권 보장에 관한 연구. 성균관대학교 박사학위 논문, 121면.

위해 다섯 명의 청년이 준비하고 있습니다. 출발선을 달리해서 말입니다.

　　민주주의의 발전에서 직업은 단순한 돈벌이가 아닙니다. 직업을 선택할 수 있다는 것은 중세의 농노가 토지의 속박으로부터 이탈하는 것, 그리하여 농노가 아닌 자유로운 인격으로 재탄생하는 것을 의미합니다.[52] 직업선택의 자유를 보장하기 위해서는 미취업 청년들의 출발선을 맞추어야 합니다. 공정노동권을 보장해야 합니다 ([그림 2]).

[그림 2] 공정노동권 보장 상태

* 출처 : 양승광. (2018). 미취업 청년의 노동권 보장에 관한 연구. 성균관대학교 박사학위 논문, 122면

　　그림에서 확인할 수 있듯 조건의 평등 역시 경쟁을 부인하는 것은 아닙니다. 다만 제대로 된 경쟁, 공정한 경쟁이 되기 위해서는 기회뿐 아니라 각 개인에게 부여된 조건 역시 동등해야 한다는 것입

니다. 내가 어떤 계급, 어떤 부모 밑에서 태어나느냐에 따라 달라지는 조건을 전제로 부여되는 기회의 평등은 올바른 결과를 도출하지 못할뿐더러 사회적 자원 배분 차원에서도 비효율적이라는 것입니다.

조건의 평등은 기회의 평등과는 다르게 사회적 자원의 투입을 요구합니다. 부모에 따라 발생하는 차등적 조건을 사회 공동체가 시정해 주어야 하기 때문입니다. 조건의 평등을 조성하기 위한 정책을 우리 주위에서도 발견할 수 있습니다. 서울 청년수당, 서울런 등이 모두 조건을 맞춰주고자 하는 지방자치단체의 노력입니다.

하지만 이러한 정책이 아무리 다층적이고 두텁게 실시된다고 하더라도 조건이 완벽하게 평등해지기란 불가능합니다. 각자의 부모가 가진 재산과 성품, 자녀에게 쏟는 사랑과 노력이 다르기 때문입니다. 니컬러스 크리스토프가 뉴욕타임스에 쓴 칼럼 한 대목을 옮깁니다.

"사실 아낌없이 사랑해주고, 자기 전에 동화책을 읽어주고, 리틀야구 리그의 선수로서 그라운드를 누비게 해주고, 도서관에서 책 읽는 습관을 길러주고, 음악 레슨을 받게 해주면서 그들을 키웠던 미국 중산층 가정의 부모가 그들을 임신했을 때부터 이미 커다란 행운이 시작된 것이나 다름없다."[53]

13
인본주의적
평등

브라이언 터너가 제시한 사회적 평등의 네 번째 유형은 결과
의 평등입니다. 평등의 한 유형이라고는 하지만 우리 사회에서는 반
감이 앞섭니다. 법체계에서도 마찬가지입니다. 헌법이 평등의 원칙
을 규정하고 있습니다만, 결과의 평등은 아닙니다. 헌법재판소 결정
(헌법재판소 1999. 5. 27. 선고 98헌바26 결정)을 옮깁니다.

"헌법 제11조 제1항은 "모든 국민은 법 앞에 평등하다. 누구든
지 성별·종교 또는 사회적 신분에 의하여 정치적·경제적·사

회적·문화적 생활의 모든 영역에 있어서 차별을 받지 아니한 다"라고 규정하고 있다. 이러한 평등의 원칙은 일체의 차별적 대우를 부정하는 절대적 평등을 의미하는 것이 아니라 입법과 법의 적용에 있어서 합리적인 근거가 없는 차별을 하여서는 아니된다는 상대적 평등을 뜻하고 따라서 합리적인 근거가 있 는 차별 또는 불평등은 평등의 원칙에 반하는 것이 아니다."

결정문만을 보더라도 우리 사회는 결과의 평등에 대해 확실한 선을 긋고 있는 것 같습니다. 두드러기 반응이 아니라 처음부터 관심 을 두지 않겠다는, 그 근처로는 한 발 짝도 디디지 않겠다는 태도입 니다. 이것은 결과의 평등이 가지는 반자본주의적 속성 때문입니다. 이해는 됩니다. 하지만 반자본주의적이라는 간단한 평가만으로 치 워버리기에는 결과의 평등이 지니고 있는 함의가 너무나 큽니다.

조건의 평등은 달성되기 불가능하기도 하지만, 달성된다고 할 지라도 완전한 평등이라도 보기는 어렵습니다. 조건의 평등은 그를 둘러싼 가족, 계급 등의 환경만을 문제 삼을 뿐, 그가 어떤 재능과 능 력을 타고났느냐에 대해서는 침묵하고 있습니다. 내가 어떤 환경에 서 태어났느냐가 운(運)에 달려있듯이, 내가 어떻게 태어났느냐도 운 에 달려있습니다. 나는 머리가 좋을 수도 있지만 그렇지 않을 수도 있습니다. 운동능력을 타고났을 수도 있지만 그렇지 않을 수도 있습 니다. 운동능력이 없는 사람이 할 수 있는 것은 취미나 체력 관리에 불과합니다. 아무리 노력을 해도 프로야구 선수나 프로축구 선수가 될 수는 없습니다. 공부 역시 마찬가지입니다. 잼 햄브릭의 2014년 연구에 따르면 노력과 학업 성적의 관련성은 4%에 불과했습니다. 분야별 노력 관련성이 스포츠가 18%, 음악이 21%, 게임이 26%임을 감안한다면 학업 성적은 다른 것보다 노력으로 극복하기가 어려운 분야입니다.[54] 이러한 연구 결과에 따르면 경쟁을 통한 자원 배분이 평등할 것이라는 발상은 어렵습니다. 개천에서 용이 나올 수는 있지만, 그 용은 이무기가 변한 것이 아닙니다. 원래 용이었던 것입니다.

이것이 실현 가능성과는 별개로 많은 이들의 결과의 평등에 관심을 두는 이유입니다. 사회적 자원을 배분할 때 기회가 평등하든 조건이 평등하든, 경쟁이라는 여과기를 통과하는 순간 그 자체로 불평등이 발생합니다. 자원 획득의 결정적 요인이 타고난 신체든, 타고난 환경이든 결국은 운(運)입니다. 그렇다면 차라리 자원이 배분되는 과정에 힘쓸 것이 아니라 자원 배분 그 자체에 주목하자는 것입니다.

결과의 평등이 가지는 강점은 그것이 대변하려는 집단이 사회적 약자라는 데 있습니다. 재능이 뛰어난 집단이든, 출생 환경이 부유한 집단이든 그들은 경쟁을 통해 많은 몫을 차지할 수 있습니다. 경쟁을 통해 이 사회의 강자로 도약하는 것이 가능하며, 기득권을 유지하는 것이 수월합니다. 하지만 재능이 없고 환경도 넉넉하지 않은 집단이라면 그들은 항상 약자의 위치에 있을 수밖에 없습니다. 결과의 평등은 사회적 약자를 대변하여 그들의 처지를 개선하고자 합니다. 결과의 평등이 평등의 여러 유형 중 가장 인본주의적이며 인간학적 의미에 부합한다는 평가가 나오는 이유입니다.[55]

14
자유지상주의의
오류

자유는 고대로부터 지금까지 확대되어 왔습니다. 노예제는 폐지되었고, 여성은 참정권을 누리게 되었습니다. 신분제는 없어졌으며 직업의 규율화 된 세습 역시 없어졌습니다. 모두가 자유인입니다. 그러다 보니 자유는 질서적 성격을 띠게 됩니다. 모두가 자유롭기 위해 질서가 필요합니다. 이러한 점에서 자유의 제한은 제한이 목적일 수 없습니다. 자유가 제한되는 이유는 자유를 최대화하기 위함입니다. 이에 반해 평등은 평등 자체의 최대화를 목적으로 삼지 않습니다. 평등은 한정된 자원을 전제로 어떤 평등이 더 적절한지에 관한 논쟁만 있을 뿐입니다.

자유와 평등, 별개일 것만 같은 두 이념은 민주주의 아래 서로 결합하게 됩니다. 자유의 질서적 성격은 본체론적 평등에서 도출됩니다. 모두가 동등하게 귀하다는 생각은 모든 이의 자유가 동등하다는 결론에 이릅니다. 남성이든 여성이든, 재산이 많든 적든, 부모가 누구든, 모든 사람의 자유는 동등하게 보장되어야 합니다. 본체론적 평등으로 인해 자유는 '내가' 자유로울 것을 넘어 '모두가' 자유로울 것을 요구합니다.

2020년에 방영되었던 드라마 〈런온〉의 한 토막입니다. 보호 종료아동 출신이었던 오미주(신세경 분)는 육상 국가대표 기선겸(임시완 분)의 통역을 맡게 됩니다. 이 과정에서 기선겸의 아버지인 기정도는 오미주에게 통역료와는 별도로 용돈을 쥐어 줍니다. 통역이 끝난 후 기선겸이 이 사실을 알게 됩니다. 기선겸이 오미주에게 묻죠. 돈은 왜 받았냐고, 그 돈에 무슨 발목이 잡힐 줄 알고. 그 다음에 나오는 오미주의 대사는 아래와 같습니다.

> "발목은 이미 잡혔죠. 그 사람들은 내 발목을 잡은 상태에서 돈을 주니까. 기선겸 씨는 돈이 많아서 모르겠지만 난 어릴 때부터 많이 받아 봤거든요. 나한테 돈 주는 사람들은 내가 그 돈을 받아야지만 합의했다고 생각해요. 안 받으면 그 사람들 얘기 쌩까겠다는 소리니까."[56]

오미주에게는 돈 받지 않을 자유마저도 없었습니다. 불평등한 관계에서 자유가 박탈된 것입니다. 이처럼 자유와 평등은 목적과 수단의 관계를 가지게 됩니다. 모두가 최대한의 자유를 누리기 위해 평등이 실현되어야 합니다.

평등의 유형인 기회, 조건, 결과의 평등은 자유의 구현 방식에 관한 차이입니다. 여기서 나오는 것이 복지 논쟁입니다. 복지가 개인의 자유를 확대하느냐, 아니면 축소하느냐에 관한 대립입니다. 복지는 저절로 이루어지지 않습니다. 복지는 국가 예산의 투입을 전제로 하며 예산의 확보는 개인의 재산권에 대한 제약으로만 가능합니다. 재산권은 개인이 가지는 자유의 중요한 영역입니다. 만일 복지를 통해 확보되는 만인의 자유를 더 중요하게 생각한다면 복지 확대를, 그 반대로 예산 확보를 위해 제한되는 개인의 재산권을 더 중요하게 생각한다면 복지 축소를 주장하게 될 것입니다.

먼저 복지 축소를 주장하는 자유지상주의의 견해를 봅시다. 자유지상주의는 그 명명처럼 자유를 평등보다 중시합니다. 이 입장을 취하는 사람들에게 자유란 경험적인 것으로, 마치 밧줄에 묶여 있다가 풀려나는 것처럼 즉각적이고 체험 가능한 것입니다. 그에 반해 평등은 비교의 문제로 추상적인 명제에 불과합니다.[57] A가 귤 하나를, B가 귤 두 개를 가지고 있다고 생각해봅시다. 이것이 평등에 반한다고 하여 B가 가진 귤 중 하나를 뺏는 것이 적절할까요? 둘 다 동등하게 귤 하나씩 가지게 되었다고 하여 평등하다 할 수 있을까요? A의 귤이 늘어난 것도 아닌데 말입니다.

자유지상주의에서는 평등을 목적으로 많이 가진 자의 몫을 더 가져오는 것에 대해 반대합니다. 생산할수록 빼앗기는 것이 많아질

텐데 어느 누가 힘들여 더 생산하려고 애쓰겠습니까? 자유지상주의
는 개인의 재산권에 대해 강력한 보호를 선호하게 됩니다.

　　다른 한편으로 자유지상주의에서는 복지의 확대가 다수의 무
임승차자를 발생시킨다고 말합니다. 일을 안 해도, 노력을 안 해도
생계가 보장된다면 일할 의욕이 없어진다고 합니다. 복지 확대는 사
회 전체의 발전과 성장에 도움이 되지 않는다고 말합니다. 자유지상
주의에서의 평등은 기회의 평등, 법 앞의 평등에 한정됩니다.

　　하지만 자유지상주의의 논리는 쉽게 깨어지고 맙니다. 자유지
상주의의 첫 번째 오류는 국가의 역할을 과소평가했거나 모르쇠로
왜곡했다는 점입니다. 위 사례에서 국가는 B의 귤을 가져와 국가의
몫으로 하지 않습니다. 귤을 쪼개어 구성원들에게 나누어 주게 됩니
다. 그 형태는 복지사업으로도, 공공 개발로도 나타날 수 있습니다.
또 국가가 B의 귤을 가져온다고 할지라도 아주 강력한 사회주의국
가가 아닌 한, 귤 하나를 통째로 가져올 리는 없다는 점입니다. 귤 하
나가 열 쪽이라면 다섯 쪽이든 여섯 쪽이든 많은 양을 B에게 남겨 둔
다는 것입니다. 이러한 상황이라면 자유지상주의가 말하는 생산력
의 저하 역시 우려할 바 아닙니다.

　　자유지상주의의 두 번째 오류는 생산이 생산자의 기여로만 이
루어졌다고 착각하는 데 있습니다. 사회의 모든 생산은 모두의 기여
를 바탕으로 합니다. 예를 들어 하나의 공장이 성공하기 위해서는 우
수한 인적자원이 필수적입니다. 원자재를 들이고 만들어진 상품을
내보낼 도로도 깔려있어야 합니다. 그뿐일까요? 경찰과 소방관 덕분
에 사업장은 안정적으로 운영될 수 있습니다. 그리고 이 모든 것은

국가의 예산으로 만들어집니다. 국민 모두가 낸 세금으로 말입니다.

　　자유지상주의의 세 번째 오류는 인간을 돼지로 격하시켰다는 데 있습니다. 인간은 먹는 것만으로 욕구가 해결되는 존재가 아닙니다. 매슬로우(Abraham Harold Maslow)는 인간의 욕구를 생리, 안전, 애정, 존중, 자아실현이라는 다섯 가지 단계로 나누었습니다. 이러한 분류가 옳건 그르건 간에 인간이 생존만으로 욕구가 충족되는 것은 아닙니다. 복지의 확대가 무임승차자를 발생시킬 것이라는 논리는 인간에 대한 이해를 결여했다고 볼 수밖에 없습니다.

　　오히려 경제학자 아마티아 센(Amartya Kumar Sen)은 복지의 확대를 통해 실질적 자유를 확보하는 것이 발전을 추동하는 길이라고 말합니다.[58] 개인이 복지로 인해 더 건강해지고 교육 수준을 끌어올릴 수 있다면 사회 전체의 생산력이 향상될 것이기 때문입니다. 하지만 그는 여기서 한 발짝 더 나아갑니다. 발전을 자유의 목적으로 보지 않습니다. 그 반대로 모든 개인의 자유를 확장하는 것을 발전의 궁극적인 목적으로 삼습니다. 모든 발전, 즉 정치적·사회적·경제적 발전은 개인의 자유 확장에 기여해야 한다는 것이지요. 아마티아 센이야말로 진정한 자유지상주의자일 겁니다.

15

서로를 책임지겠다는
의지

　　사회적 평등을 통해 모든 이들의 실질적 자유를 극대화하는
것. 민주주의의 이념이자 목표입니다. 하지만 여기에는 '왜?'가 빠져
있습니다. 민주주의가 그러한 것이라고 동의할지라도, '왜 우리가 민
주주의에 동의해야 하느냐', '왜 민주주의를 옳은 것으로 인정해야
하느냐'라는 물음에 답을 하지 못합니다. 이것은 왜 나만이 아니라,
내 가족만이 아니라 모든 사람이 실질적으로 자유로워야 하는지에
대한 물음입니다. 이러한 질문에 답을 해주는 것이 민주주의의 또 다
른 이념인 연대입니다.

연대는 낯설지도 어렵지도 않은 단어입니다. 일상에서 흔히 쓰는 단어 중 하나입니다. 사회연대, 시민연대, 노동자연대처럼 연대는 신문과 방송에서 많이 쓰입니다. 시민사회단체의 명칭에 가장 빈번히 사용되는 단어도 연대입니다. 좌냐 우냐, 진보냐 보수냐를 가리지 않고 시민사회단체는 연대를 선호합니다.

이러한 익숙함과는 달리 설명이 쉽지만은 않습니다. '여럿이 함께 무슨 일을 하거나 책임을 짐', '한 덩어리로 서로 연결되어 있음'이라는 사전의 정의는 우리에게 명확한 상을 던져 주지 못합니다. 연대를 설명하고자 할 때마다 곤란함이 앞서는 이유입니다. 〈오늘날 연대란 무엇인가〉를 쓴 독일의 노동사회학자 라이너 촐 역시 마찬가지였습니다. 그는 이 어려움에 관해 시간에 관한 아우그스티누스(Aurelius Augustinus)의 답변을 인용하는 것으로 대신했습니다.[59]

> "아무도 그것이 무엇이냐고 내게 묻지 않는다면 나는 그것을 알고 있다. 그러나 누군가가 묻는다면 나는 그것을 모른다."

이렇게 된 바에야 '연대'의 어원부터 살펴봅시다. 맨 처음 '연대'는 일상에서 쓰이는 용어가 아니었습니다. 민사법상의 공동책임을 의미하는 법률용어였습니다. 로마법의 'in solium', 전체를 위한 의무, 공동이 지는 책임, 공통된 부채를 의미했습니다. 부채를 갚지 못하는 사람에 대해 다른 모든 사람이 책임을 지고, 그 역시 모든 사람에 대해 책임을 진다는 뜻이었습니다.[60]

법률용어였던 '연대'가 법정 밖으로 나오게 된 시기는 18세기 프랑스혁명이었습니다. 프랑스혁명을 통해 '연대'의 의미가 확장되었습니다.[6] 그 시작은 미라보(Comte de Mirabeau)가 1789년 프랑스 국민의회에서 한 발언이었습니다. "공적인 믿음과 사적인 믿음 사이에 연대를 ... 형성하는 것이 도덕적으로 중요하다." 여기서의 연대는 눈에 보이지 않는 믿음을 서로 연결시켜주는 매개적 관념이었습니다. 거기에 '도덕'이 끼어들어 거래적 관념이었던 '연대'는 당위적인 정서적 관념으로 변합니다. 프랑스 국민의회 의장이었던 조르주 당통(Georges Jacques Danton)의 1793년 선언 역시 흥미롭습니다. "우리는 모두 태도가 동일하다는 점에서 연대적이다." 여기서의 연대는 공통된 태도에서부터 파생되는 사실적 관념입니다. 이러한 변천의 결과는 1835년 〈프랑스 학술어 사전〉에 반영됩니다. 여기서는 연대의 법률적 의미와 함께 다음과 같은 설명이 더해집니다.

> "어떤 국가나 공동체가 의무를 가진다면 연대는 구성원 모두와 관련이 있다. 그들 사이에 연대가 존재하는 것이다. 연대는 전제되어 있는 것이 아니라 명백히 선언되어야 하는 것이다. ... 이 개념은 일상어에서 둘 이상의 다수자 사이에서 성립하는 상호적인 책임에 대해서도 적용되었다. 중요한 것은 우리를 결합하려는 연대이다. 나는 결코 누군가와 나 사이에 연대가 존재한다고 말하려는 것이 아니다."

이렇듯 연대는 결합된 공동체에서 나오는 구성원 간의 상호책임입니다. 하지만 결합된 사실로부터 연대가 자연스럽게 도출되는 것은 아닙니다. 연대는 하나의 의지입니다. 연대를 통해 결합이 이루어지기도 합니다. 결합이라는 사실 상태와 연대라는 의지는 상호작용을 통해 결합된 구성원 간에 상호적인 책임을 발생시킨다고 할 수 있습니다.

16

동정도 자비도
아닌 것

둘 이상의 다수자 사이에 성립하는 상호적인 책임. 프랑스의 철학자 에밀 리트레(Emile Littre)가 제시한 연대의 정의입니다.[62] 그럼에도 불구하고 '연대'는 우리에게 구체적이지 않습니다. 결합된 공동체라는 개념도, 책임의 범위도 모호합니다. 연대가 무엇인지 그림을 그려보려고 애쓸 필요가 있습니다. 이러한 작업에 효과적인 방법은 먼저 연대가 아닌 것을 제외해보는 것입니다.

연대는 동정이나 자비가 아닙니다. 이제는 찾기 어려운 풍경이라 기억을 더듬어 보겠습니다. 지하철 내 객실 통로 문이 열리고 한 남성이 들어옵니다. 이 남성은 신체적 장애를 가지고 있을 수도, 낡은 옷을 걸쳤을 수도 있습니다. 그는 고개를 들어 객실을 훑은 후 다시 고개를 숙입니다. 손에 쥐고 있던 복사물을 앉아있는 승객들의 무릎 위에 차례차례 올려놓습니다. 여기에는 그의 양해도, 상대방의 동의도 없습니다. 손글씨가 복사된 이 종이를 봅시다. 자신이 얼마나 비참하게 살아왔는지, 지금도 얼마나 힘들게 살아가고 있는지가 기술되어 있습니다. 마지막에는 희망을 잃지 않고 열심히 살아가겠다는 다짐도 빼놓지 않았습니다. 그는 승객들에게 잠깐의 시간을 허락한 후 복사물을 회수하러 객실을 돕니다. 이때 한 중년 여성이 핸드백에서 지갑을 찾습니다. 그는 걸음을 멈추고 중년 여성의 행동을 기다립니다. 그 여성은 지폐 한 장을 자신이 받은 복사물과 함께 그에게 건넵니다.

중년 여성의 행동을 함께 생각해 봅시다. 동정이라 부를 수도, 자비라 부를 수도 있는 선행입니다. 하지만 연대라고 부르기는 어려워 보입니다. 중년 여성의 행동이 저 남성과의 공동체 의식, 그로 인한 책임에서 유발되었다고 볼 수는 없기 때문입니다.

유사한 예로 국내외 구호단체에 행하는 후원을 점검할 필요가 있습니다. 연대인지, 동정인지. 퀭한 눈, 축 처진 입술, 마른 볼, 들쳐 업은 아기. 후원을 위한 광고가 연출하고 있는 모습입니다. 광고에 삽입된 메시지 또한 다르지 않습니다. 수혜자의 정보가 구체적이고 생생할수록 잠재적 후원자가 기부 필요성에 공감할 확률이 크기 때문입니다.[63] 그래서 광고에서는 수혜자의 사진을 첨부하거나, 혹은 광고 모델로 하여금 수혜자의 모습을 재연토록 합니다. 잠재적 후원자에게 동정심을 유발시킨다면 후원 ARS의 벨은 울릴 테니까요.

　　이러한 마케팅이 긍정적인 효과만 가져오는 것은 아닙니다. 촬영 과정에서 대상자의 인권을 유린한다거나 수혜국 및 해당 국민에 대한 잘못된 고정관념을 불러일으킵니다. 그러하기에 기부나 후원을 유도하기 위해 곤경에 처한 이들의 상황을 자극적으로 묘사하는 것, 오래 전부터 '빈곤 포르노(Poverty Pornography)'라는 비난을 들어왔습니다. 이러한 마케팅은 후원자와 수혜자 사이에 건널 수 없는 선을 긋습니다.[64] 그들을 우리로부터 도움을 받아야만 하는 존재, 객체로만 인식하게 만듭니다.

　　빈곤 마케팅이 노리는 것은 후원자의 동정심 유발일 뿐입니다. 시민들의 국적을 넘어선 연대가 아닙니다. 광고에서 보여주는 그들은 잘 사는 국가의 시민이 여유가 있을 때 도와줄 수 있는 대상에 불과합니다. 광고는 잠재적 후원자에게 공동체 일원으로서의 책임을 호소하지 않습니다. 오로지 동정이나 자비, 자선을 요청할 뿐입니다. 그리고 후원자는 손쉽게 ARS를 누르고 가슴 한편에 선행을 했다는 뿌듯함만을 챙깁니다.

　　연대는 결합 그 자체도 아닙니다. 연대와 관련한 연구로 가장 많이 알려진 학자는 프랑스 사회학자 에밀 뒤르켐(David-Émile Durkheim)일 것입니다. 물론 뒤르켐의 저서 중 가장 유명하다고 생각되는 것은 〈자살론〉입니다. 그는 자살을 집단 현상으로 인식하고 그 원인을 사회에서 찾습니다. 자살을 이기적 자살, 이타적 자살, 아노미적 자살로 유형화 하는데, 이 중 이기적 자살의 원인을 구성원 간 연대감 약화에서 찾습니다. 낮은 연대감으로 인한 사회 결속력 약화,

이에 따른 과도한 개인화가 자살을 유발한다는 것입니다.

〈자살론〉에서도 연대가 언급되지만, 연대가 책 전체의 주제가 된 것은 〈자살론〉에 4년 앞서 출간된 〈사회분업론〉이었습니다.[65] 〈사회분업론〉은 뒤르켐의 박사학위 논문이기도 했습니다. 여기서 그는 연대를 기계적 연대와 유기적 연대로 구분합니다. 기계적 연대가 사회분업이 진행되지 않는 전근대사회에서의 연대인 반면, 유기적 연대는 사회분업이 이루어진 근대사회의 연대입니다. 뒤르켐에게 있어 전근대사회는 집단성이 강한 사회, 개개인의 개성과 고유의식이 제로(0)에 가까운 사회였습니다.[66] 전근대사회에서는 집단과 다른 일탈행위가 신속하고 강력하게 처벌되기 때문입니다. 따라서 기계적 연대가 작동하는 사회에서는 개인의 인격이 해체됩니다. 참고로 여기서 '기계적'이라는 표현은 물체의 결속처럼 단단한 상태를 의미합니다.

뒤르켐이 '연대'라는 단어를 붙이기는 했지만, 기계적 연대를 진정한 의미의 연대로 보기는 어렵습니다. 이러한 결속이 다수자 사이의 상호책임이라는 인식에서 기인한 것인지에 관해 의문이 있기 때문입니다. 오히려 규율을 어겼을 때 받게 될 처벌에 대한 두려움에서 나왔다고 보는 것이 합리적입니다.

이와는 달리 기계적 연대 또한 진정한 연대로 볼 수 있다는 견해도 있습니다. 행위자 간의 높은 상호작용과 포괄적인 개인적 친밀성이 있는 상황에서만 기계적 연대사회에서의 윤리 규범이 작용할 수 있다는 것입니다.[67]

하지만 높은 상호작용과 친밀성으로 강력한 처벌이 만들어졌다고 생각하기보다는, 강력한 처벌 규정으로 인해 개인의 행동이 획일화되었고, 이에 따른 집단성으로 구성원 간의 친밀성을 강화시켰다고 읽어내는 것이 더 타당해 보입니다. 쉬운 예로 군대를 생각해 볼 수 있습니다. 군대가 아무리 예전과는 달리 민주적이고 자율화되었다고 하더라도 이것은 상대 비교에 불과합니다. 현대사회에서도 군대는 규율과 지휘명령에 따라 움직이는, 개개의 개성이 해체된, 극도로 단단히 결속된 집단입니다. 군대 내의 엄한 규율이 군인들 사이의 상호작용 및 친밀성에 근거한 것은 아닙니다. 강력한 규율이 선재하고 이에 따른 생활과 훈련을 통해 전우애가 싹튼 것이라 할 수 있습니다. 우리는 이것을 전우애라고 할 뿐 연대라고 인식하지 않습니다.

17
분업과 성별
임금 격차

뒤르켐이 말하는 근대사회의 특징은 분업의 고도화로 인한 개인의 사회의존성 증가입니다. 분업의 발달은 개인의 전문성을 강화시키고, 전문화는 개인에게 자율성과 개성을 부여합니다. 전문성이란 그 결정에 재량을 부여한다는 뜻이니까요. 한편 자신이 종사하는 업무 이외의 영역으로의 접근성은 크게 줄어듭니다. 전문성이란 좁은 대신 깊기에 확보되는 것이니까요. 분업화된 사회에서는 타인에 대한 의존이 증가하며 이로 인해 유기적 연대가 나타납니다. 기계적 연대가 일탈에 대한 집단의 억압으로 형성되었다면 유기적 연대는 개인의 필요로부터 나타났습니다. 그런 까닭에 근대사회에서의 유기적 연대는 불가피하기는 하지만 자발적입니다. 더 나아가 개인의 분업이 더 활발하게 발현될수록 집단의 통일성도 강화된다는 것이 뒤르켐의 생각입니다.

유기적 연대를 근대사회의 특징이라고 인식한다 하더라도 분업화된 근대사회, 그것만으로 유기적 연대가 당연히 출현한다고 보기는 어렵습니다. 분업이 각자의 기능에 집중하게 할 수는 있습니다만, 연대를 만드는 '보이지 않는 손'은 아니기 때문입니다.[68] 오히려 분업에는 연대를 파괴할 우려가 존재합니다. 카를 마르크스 역시 노동 소외의 주요한 원인으로 분업을 꼽고 있습니다. 뒤르켐 역시 이를 알고 있었습니다. 그래서 그는 분업을 정상적 분업과 비정상적 분업으로 나눕니다. 정상적 분업은 개인의 자율성을 발현시키고 개인 간 상호의존성을 키웁니다. 이 경우 결속은 기계적 연대에서의 결속보다 강해집니다. 하지만 비정상적 분업에서는 이러한 효과가 나타나지 않거나 정반대의 결과만을 초래합니다. 뒤르켐은 이러한 비정상적 분업을 아노미적 분업, 강요된 분업 등으로 유형화했습니다.

아노미적 분업은 산업사회로 이행하는 과정에서 그에 맞는 도덕과 문화가 정착하지 못할 때 발생합니다. 산업기술의 발달로 물질적 환경의 변화는 있었으나, 사회 제도와 문화는 기존에 머물러 있을 때 나타납니다. 지금의 한국 사회에서는 성별에 따른 가사노동의 불균형을 떠올릴 수 있습니다.

산업화의 발달로 임금 일자리는 육체노동 중심 구조에서 벗어났습니다. 사회 전체적 교육열과 양성평등 문화로 인해 성별에 따른 교육 수준 차이는 없어졌습니다. 가족 내에서 남성이 경제적 책임을 지고 여성이 가사를 전담하는 가부장적 경제 구조는 해체되었습니다. 맞벌이가 일반화 혹은 보편화되었다고까지는 말하지 못하더라도 자연스러운 현상으로 나타났습니다. 이 사실들은 가족 내 가사 분담도 성적 격차가 없어졌을 것이라는 결론을 도출합니다. 하지만 이는 머릿속 추론에 불과합니다. 조보배의 2022년 연구에 따르면 어린 자녀가 있는 맞벌이 부부 대부분의 노동시간은 남편이 10시간, 여성이 8시간 정도였습니다. 육아를 포함한 가사 무급 노동시간은 남성은 1시간, 여성은 3시간 정도였습니다. 이 중 돌봄의 책임이 가중된, 즉 어린 자녀가 많은 맞벌이 부부는 특단의 조치를 취하기도 합니다. 가사와 육아에 더 많은 시간을 할애하기 위해 여성의 노동시간을 줄이는 결정(반일 근무)을 하는 것이지요. 이 경우에는 여성이 가사와 돌봄을 전담하게 됩니다.[69]

왜 이런 일이 벌어질까요? 성별 임금 격차가 그 원인 중 하나입니다. OECD에 따르면 주요 회원국 중 성별 임금 격차가 가장 큰 국가는 우리나라였습니다(2020년 기준). 성별 임금 격차는 중위 기준 남성 임금과 여성 임금의 차이를 분석하는 것인데, 한국의 성별 임금 격차는 31.5%로 OECD 평균인 11.7%의 세 배에 달합니다. 일자리 구조가 바뀌고 성별 교육 수준도 동등해졌으나 성별 임금 격차만 여전합니다. 이러한 이유로 가족 내 유급 노동의 중심축은 남성에게, 무급 노동의 중심축은 여성에게 계속 머물러 있습니다. 그로 인해 여성 취업자 수도 학력과 연령에 따라 급격하게 바뀝니다. 저학력 여성 취업자의 수는 경력단절 없이 연령에 따라 꾸준히 증가하는 데 반해,

고학력 여성 취업자의 수는 25~29세에서 증가하다 30~34세부터 급격하게 감소하는 추세가 나타납니다.[70]

이와 같이 실제 가족 현실은 남성은 경제, 여성은 가사로 분리되어 있습니다. 가부장적 경제 구조는 해체되었으나, 더 정확히 말하자면 해체되었다는 믿음이 지배하게 되었으나 현실은 이를 따라가지 못하고 있습니다. 지금의 가족 내 분업에서 개인의 자율성이 발현될 여지는 없습니다. 유급 노동에 전념하는 남성은 살림보다 돈벌이에 더 특화된 것이 아닙니다. 무급 노동에 중심을 두는 여성은 살림이 적성에 맞아 집에 있는 것이 아닙니다. 단지 남성의 외부 노동이 더 큰 수입을 가져다주기 때문입니다. 지금 한국의 가족 내 분업은 아노미적 분업인 것입니다. 결혼 혹은 출산은 여성의 무덤이라는 이전의 사고가 아직 유효한 이유입니다. 이러한 현실은 특히 여성에게 성적 결합을 통한 가족 형성에의 의지를 약화시킬 수밖에 없습니다.

18
현대 신분제
사회

뒤르켐이 제시한 비정상적 분업의 두 번째 유형은 '강요된 분업'입니다. 강요된 분업은 현대사회에 어울리는 새로운 규범이 없는 상태에서 특정 계급이 자신의 이해관계를 다른 계급에 임의로 강요하는 것을 말합니다. 뒤르켐은 강요된 분업의 예로 계급제도와 카스트제도를 듭니다. 분업의 기준을 결정짓는 것은 단 하나, 능력의 다양성 혹은 노동자의 자질이어야 합니다. 뒤르켐은 오직 그것만이 노동의 분배 기준이라고 말합니다. 분업 사회에서는 특정 계급의 기득권, 즉 출생으로 인해 가져왔던 우월성은 없어지는 것이 당연하다고 말합니다.

오늘날 한국 사회에서 카스트제도와 같은 형식적 계급은 사라졌습니다. 헌법에도 규정되어 있습니다. "사회적 특수계급의 제도는 인정되지 아니하며, 어떠한 형태로도 이를 창설할 수 없다."(제11조 제2항) 하지만 한국 사회에서 노동자의 신분은 사실상 계급입니다. 모리오카 고지의 책 제목 〈고용 신분 사회〉처럼 말입니다. 고용이 신분화되었다는 것은 비정규직의 월급이 적다거나, 노동시간이 많다는 것만을 의미하지 않습니다. 위험한 작업, 즉 생명 또는 건강을 잃기 쉬운 작업들이 비정규직에 쏠려 있다는 것을 의미합니다.

2016년 구의역 스크린도어 사건을 떠올려봅시다. 5월 28일 용역회사 소속 정비원으로 구의역에서 혼자 스크린도어를 수리하던 19세 청년이 들어오던 열차에 치여 숨졌습니다.[주] 스크린도어 수리 작업은 2인 1조를 원칙으로 했으나 이는 문서에 불과했습니다. 인력 설계가 처음부터 잘못되었거든요. 통상 11명씩 2개 팀으로 구성된 정비원들의 배치는 다음과 같았습니다. 팀별로 휴무자 3~4명, 상황근무자 1명, 예비대 2명, 지하철 1~4호선 담당자 각 1명. 각 팀에서 총 4명이 지하철 4개 노선의 49개역을 담당했습니다. 그들은 하루 평균 약 4회, 1주 평균 약 20회 현장에 출동하여 스크린도어를 수리하였고, 여기에 더해 하루 평균 6개 역의 스크린도어 센서 이상 여부를 점검했습니다. 스크린도어 장애물 감지 센서 노후화로 장애 신고가 많이 발생하는 상황에서 순수정비인력은 역당 1.21명에 불과했습니다. 원칙이라던 2인 1조작업은 현실적으로 불가능했습니다. 게다가 서울메트로는 청년이 소속된 용역회사에 안전사고에 대한 모든 책임을 미루어 놓았습니다. 용역계약에 '스크린도어 장애신고 접수시 1시간 이내 출동 완료, 고장접수 24시간 이내 미처리의 경우 지연배상금 부과' 등의 특약 조건을 포함시켜 놓고도 말이지요.

이 사건에 대해 많은 감상과 분석이 나올 수 있습니다. 하지만 딱 한 가지 질문만 해봅시다. "과연 그 청년이 서울메트로의 정규직이었다면 이 사고가 발생했을까?" 아니었을 것입니다. 정규직이었다면 인력 설계부터 제대로 되었을 것입니다. 지연배상금에 쫓기지도 않았을 것입니다. 시간이 조금 더 걸리더라도 2인 1조의 원칙은 준수되었을 것입니다.

이런 일은 서울메트로만의 이야기가 아닙니다. 한국 사회에는 유해하고 위험한 작업을 직접 수행하지 않고 도급을 주는 '아웃소싱'이 일반화되었습니다. 정규직 노동자로 하여금 위험한 일을 수행토록 하기 위해서는 인건비 부담 외에도 규정 합리화, 노동조합의 감시 등 넘어야 할 산이 많습니다. 이처럼 번거로운 일을 피하기 위해 외주로 돌리는 것입니다. 간단하게 계약서 한 장으로 말이지요. '위험의 외주화'입니다. 실제로 한국노동연구원의 사업체패널조사를 통해 비정규직 비율별 산업재해율(2005~2017년 평균)을 분석해본다면 300~499인 사업체 중 비정규직 비율이 75%를 넘는 사업체의 산업재해율은 0.284%로 비정규직 비율이 50~75%인 사업체의 산업재해율(0.099%)의 세 배에 가까웠습니다.[72] 위험의 외주화는 노동자의 능력 또는 자질과 관계없는 현상입니다. 노동자가 속한 일터가 기업 생태계, 더 정확히 말하자면 자본의 먹이사슬 어디 쯤에 속해 있느냐에 따라 달라지는 확률 게임입니다. 그 어떤 분업도 사망의 위험을 높이는 기준을 정당화할 수 없습니다.

　　다행인 것은 2021년 1월, 중대재해처벌법이 제정되어 이와 같은 위험의 외주화에 제동을 걸 수 있게 되었습니다. 이 법은 법인뿐 아니라 자연인인 경영책임자 등에게 사업 또는 사업장의 안전보건상 위험 방지 의무를 지우는데, 그 의무는 직접 고용 관계뿐 아니라 해당 업무에 대해 도급, 용역, 위탁을 준 경우에도 적용됩니다. 권오성은 이 법의 핵심을 '일하다 죽지 않을 권리'의 보장이라고 간명하게 이야기합니다.[73] 부디 일하다 죽는 이들이 적어졌으면 좋겠습니다. 뒤르켐이 〈사회분업론〉 제2권 제1장의 제목으로 삼은 것과 같이 분업은 인간 행복을 확대시키는 데 그 목적이 있으니까요.

민주주의 서로를 책임지겠다는 다짐

19

자율성과
안정성 사이

분업은 규범을 전제로 합니다. 규범이라는 것이 꼭 거창하지만은 않습니다. 반드시 문서화 되어 누군가의 서명이 있을 것을 요구하지 않습니다. 여러 명이 하나의 일을 하기 위해 각자의 업무를 나눈 것, 그 과정이 제비뽑기가 되었든 가위바위보가 되었든 그렇게 합의된 것이 규범입니다. 그렇게 본다면 규범보다는 규칙이라는 말이 더 쉽게 다가올 수 있습니다. 규칙은 함께 하는 일에 있어서 기능의 중복을 방지하여 일의 효율적이고 효과적인 달성에 기여하게 됩니다. 분업에 있어서 규칙은 이런 방식으로 기능합니다.

모든 규칙에 이를 기대할 수 있는 것은 아닙니다. 합리적이고 타당한 규칙만이 순기능을 발휘하게 됩니다. 만일 그렇지 못하다면 뒤르켐의 표현처럼 규칙 그 자체가 '악의 원인'이 될 소지가 큽니다. 이러한 규칙 아래 소위 하층 계급은 자신이 부여받은 역할에 만족하지 못하고 금지된 역할을 소망할 수밖에 없습니다. 규칙이 사회적 갈등을 촉발하게 됩니다.

유기적 분업을 위해서는 사회가 개인의 상호작용과 성찰에 개방되어 있어야 합니다. 각자가 자신의 기능을 수행할 뿐 아니라 타인과의 관계에서 그 수행하는 과정을 점검하고 발전시켜 나갈 수 있어야 합니다. 이러한 세계관을 에릭 리우와 닉 바우어(Eric Liu & Nick Hanauer)는 '정원형 지성(Gardenbrain)'이라는 단어로 표현했습니다.[74] 정원형 지성은 이 세계와 민주주의를 얽히고설킨 하나의 생태계로 봅니다. 신뢰와 사회자본이 발생하고 소실되며 경제성장이 그물처럼 얽혀 있습니다. 행동양식은 계속적으로 변화하며, 그 변화는 네트워크를 통해 끊임없이 퍼져 나가게 됩니다.

정원형 지성과 대비되는 표현이 '기계형 지성(Machinebrain)'입니다. 기계형 지성은 이 세계와 민주주의를 아날로그 시계의 톱니바퀴 같은 기계장치로 봅니다. 세계는 규칙에 따라 대단히 효율적으로 운동하는 존재가 됩니다. 규칙에 대한 수정 필요성이 가끔씩 제기되기도 하지만, 기본적으로는 안정성과 예측 가능성을 그 본성으로 갖게 됩니다.

원활한 유기적 분업을 위해서는 개인의 기능과 역할을 그 자체로 인정하고 사회와 조율해 나가야 합니다. 만일 기능 분배를 위한 규칙이 사회연대 의식이 아니라 갈등을 일으킨다면, 이는 과거에 만들어진 해당 규칙이 더는 개인의 능력을 적절하게 분배하지 못하고 있다는 증거입니다.

한 예로 어떤 회사에 '신입사원은 1년 동안 문서 정리 및 사무실 관리만 전담한다'라는 내부 관습이 있다고 해봅시다. 이 관습이 만들어진 이유는 신입사원의 조직 적응력을 높이기 위함이었습니다. 입사하자마자 실제 업무를 주도적으로 하기보다는 한 발짝 옆에 떨어져서 선배 직원들의 일처리 과정을 지켜보라는 것이었습니다. 신입사원들의 시행착오를 줄임과 함께 새로운 환경에서의 부담을 없애자는 의도입니다. 단기적 효율성이 아닌 장기적 효과성을 추구하겠다는 기업의 입장입니다. 그 자체로만 본다면 합리적이고 타당한 규칙입니다.

하지만 이 규칙이 언제나 타당한 것은 아닙니다. 만일 이번에 들어온 신입사원이 로스쿨을 마치고 들어온 변호사라거나 자격시험을 통과한 공인회계사라고 가정해봅시다. 그들에게도 이러한 규칙을 적용하는 것이 합리적일까요? 그랬을 때 그들이 이 1년, 어쩌면 적응 기간이라고도 불릴 수 있는 1년을 잘 버틸 수 있을까요? 아닐 것입니다. 그들은 입사 후 몇 주를 버티지 못하고 사직서를 낼 것입니다. 조직이 개인이 지닌 기능을 인정하지 않기 때문입니다.

20

분업과
연대의식

뒤르켐은 비정상적인 분업으로 세 가지를 제시했습니다만 아노미적 분업, 강요된 분업과는 다르게 세 번째 유형에는 이름을 붙이지 못했습니다. 그래서인지 뒤르켐의 비정상적 분업 유형을 설명하는 사람들 역시 세 번째 유형을 의도적으로 누락시키기도 하고, 자기 나름대로의 이름을 붙이기도 합니다. 이렇게 혼란스러운 이유는 아노미적 분업, 강요된 분업이 사회 발달과 규범의 불일치에서 연유되는 현상인 반면, 세 번째 유형은 규범 적합성 여부와는 관련이 없기 때문입니다. 여기서 무관하다는 것은 규범으로 인해 초래될 수도 있지만, 규범과는 상관없이 사람으로 인해 나타날 수 있다는 의미입니다. 그러하다 보니 뒤르켐도 이 유형에 딱 맞아 떨어지는 이름을 만들지 못했던 것 같습니다.

뒤르켐이 제시한 비정상적 분업의 세 번째는 기능의 분할이 개인 활동 영역을 충분하게 보장하지 못할 때 나타납니다. 이러한 분업이 경제적 손실을 초래하는 것은 자명합니다만, 뒤르켐이 주목한 것은 그 원인입니다. 조직 내에서 기능이 제대로 조율되지 않는다는 것이지요. 그렇다면 조직이 체계적으로 움직이기란 불가능합니다. 이 상황에서 각 사람이 자신이 해야 할 일을 알기란 매우 어렵습니다. 연대 의식 또한 느슨해질 수밖에 없습니다.

예를 들어, 대통령이 대입 수학능력시험에서 킬러 문항을 없애라고 지시한다면 해당 부처 공무원들은 난감해질 수밖에 없습니다. 학원가에서 쓰던 용어 '킬러 문항'이 무엇인지도 정리도 안 된 상태에서, 갑작스런 지시에 그동안 차곡차곡 준비해오던 것들을 무너뜨리고 새로 시작할 수밖에 없습니다. 해당 부처의 업무가 많아지고 난감해지는 것은 둘째 문제입니다. 대통령이 이렇게 실무 깊숙이 들어온다면 공무원들이 무언가를 새로 시작하기란, 혹은 개선하기란 매우 어려워집니다. 자칫하다가는 대통령 눈 밖에 날 수 있으니 가장 안전한 업무 수행 방식을 취할 수밖에 없습니다. '원래 하던 대로'죠. 이런 분위기는 교육부뿐 아니라 대한민국 공직사회 전체에 퍼져나가게 됩니다.

뒤르켐은 이같은 차원에서 리더십의 중요성을 역설합니다. 훌륭한 리더가 제일 먼저 해야 할 일은 쓸모없는 일을 줄이고, 각 개인이 자신의 일에 충분히 전념할 수 있도록 업무를 배분하는 것이라고 합니다. 그렇게 되면 개개인의 기능적 활동이 늘어날 것이며, 이에 따라 다른 일을 하는 동료들에 대한 필요 역시 증대된다는 것입니다. 연대 의식 또한 강해질 수밖에 없습니다.

　　뒤르켐에 따르면 연대 의식은 전문화된 개별 부문들의 기능적 활동에 크게 의존하고 있습니다. 만일 개별 기능의 활동을 축소시켜 놓는다면, 그 기능들이 제아무리 전문화된다고 해도 조직의 발전을 추동하지 못합니다. 구성원들이 서로 연결되어 있음을 깨닫지 못하기 때문입니다. 그러하기에 분업은 필수적으로 개개인의 창조성이 발현될 수 있는 방향으로 설계되고 행해져야 합니다.

21
앎, 인정,
성찰

뒤르켐의 분업론을 통해 우리는 아래와 같은 결론을 도출할
수 있습니다.

'분업은 인간 행복의 증대에 그 목적을 두고 있으며 이를 위해
각 개인이 담당하는 기능과 역할을 인정해야 한다. 그리고 분
업은 반드시 개인의 창조성을 돋우는 방향으로 행해져야 한
다. 이러한 분업은 각 개인에게서 사회연대 의식을 끌어낼 것
이다.'

여기서 개인의 기능과 역할을 인정해야 한다는 무미건조한 규범을 개인의 행동 원칙으로 바꾸어 봅시다. 타인의 존재와 역할에 대해 존중하여야 한다는 말로 바꿀 수 있습니다. 뒤르켐 역시 유기적 연대가 작동하기 위해서는 타인에 대한 존중이라는 도덕적 전제가 필요하다고 말합니다. 연대가 현상적 개념에서 도덕 원리로 전환되는 순간입니다. 연대와 자선을 날카롭게 구별한 프랑스 경제학자 샤를 지드(Charles Gide)는 여기서 더 멀리 나아갑니다. 그는 이해관계에서 비롯된 행위를 연대적인 것으로 인정하지 않습니다. 사회적 자아의 확장을 위해 개별적 자아의 일부는 희생되어야 한다고 이야기합니다.[75]

인간이 태어나면서부터 연대 의식을 갖는 건 아닙니다. 클라이네(Thomas Kleine)는 연대적 인간이 되기 위해서 우리는 사회적 능력을 획득해야 하며, 이는 학습이 필요하다고 말합니다. 사회적 능력은 자신과 타인에 대한 지각, 각자가 가진 능력에 대한 인정, 그리고 타인과의 만남을 통한 성찰입니다.[76] 나와 타인을 '알고', '인정하고', '성찰하는' 것. 우리는 이것을 쉬운 말로 표현하고 있습니다. 바로 '커뮤니케이션'입니다. 괴벨과 판코케(Andres Göbel & Eckart Pankoke) 역시 연대에 있어 커뮤니케이션을 중요하게 여겼습니다. 연대는 주고받는 행위 자체가 아니라 그 과정 안에서 형성된다는 것이 그들의 견해입니다. 주는 자와 받는 자가 서로를 관찰하고 반영함으로써 상호 간에 반성적으로 영향을 미친다는 것입니다.[77]

이쯤에서 연대에 관한 논의를 시작하며 함께 보았던 사례를 다시 생각해봅시다. 지하철에서 구걸하는 이에게 지폐 한 장을 건네준 중년 여성의 행위. 우리는 이것이 자비로 불릴 수 있는 선행일지라도 연대적 행위는 아니라고 했습니다. 그 이유가 여기에서 나옵니다. 중년 여성과 구걸하는 이 사이에 어떤 커뮤니케이션도 없었기 때문입니다. 그들은 서로를 통해 아무런 성찰 지점도 찾지 못했을 것입니다. 중년 여성에게는 구걸하는 이가 지금의 상태에 빠지게 된 원인, 본인이 그러한 사회 구조에 알게 모르게 기여하고 있었는지를 생각할 겨를조차 없었을 것입니다. 구걸하는 이 역시 중년 여성이 돈을 건네는 것이 그녀에게 어떤 의미가 있는지, 이것을 통해 내가 어떻게 바뀌어야 하는지, 혹은 바뀔 수 있는지 성찰하지 못했을 것입니다. 그러하기에 이 선행은 연대적 행위가 아니라 일회성 자비에 불과한 것입니다.

22

연대의
가능성

연대가 커뮤니케이션을 기반으로 하는 도덕원리라고 한다면, 커뮤니케이션이 언제 가능한지 살펴볼 필요가 있습니다. 커뮤니케이션은 기본적으로 주체들 사이에 메시지를 주고받는 일입니다. 단순하고 새로울 것 없는 정의입니다. 하지만 커뮤니케이션이 이루어지는 조건이 단순하지는 않습니다. 커뮤니케이션의 성립 조건은 주체 조건, 환경 조건, 기호 조건으로 나눌 수 있으며, 그 관계는 아래 그림과 같습니다.[78]

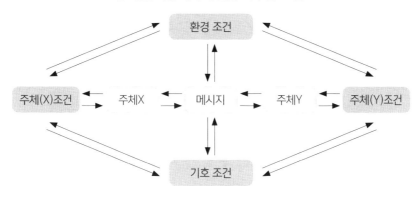

[그림] 커뮤니케이션을 이루는 조건

※ 출처 : 주경복. (2007). 커뮤니케이션 조건에서 텍스트 수사학의 접근 문제. 한국수사학회 학술대회, 59면.

주경복은 이 세 가지 조건을 다시 세분화합니다. 이를 표로 정리한다면 아래와 같습니다. 커뮤니케이션은 단순히 말(기호)이 오가는 과정으로 볼 수는 없습니다.

커뮤니케이션 조건의 세부요소

구분	세부요소
주체 조건	① 일반조건 : (인류 공통의) 인간 조건, (동물, 로봇 등의) 비인간 조건
	② 개인조건 : ㉠ 신체조건: 일상적, 병리적 조건 ㉡ 정신조건: 심리적, 지능적, 실존적, 구조적 조건
	③ 집단조건
	④ 조직조건
	⑤ 대중조건

구분	세부요소
환경 조건	① 시간적(역사적) 조건 : 시대, 시각, 속도 등
	② 공간적 조건 : 지점, 원근, 넓이, 높이 등
	③ 물적 조건 : 날씨, 시설, 재정 등
	④ 문화적 환경 조건 : 종교, 풍습, 전통, 관례, 조류, 유행 등
	⑤ 매체 조건 : 신문, 방송, 인터넷, 책, 전화, 편지, 뉴미디어 등
	⑥ 지시 환경 조건 : 메시지 문맥
기호 조건	① 구성 조건 : 내용 조건, 표현 조건
	② 언어기호 조건 : 　㉠ 언어 일반 조건 : 음성, 음운, 어휘, 형태, 통사, 의미 등 　㉡ 개별 언어 조건 : 한국어, 영어, 불어, 독일어 등 　㉢ 특수 언어 조건 : 은어, 속어, 비어, 사투리, 전문어 등
	③ 비언어기호 조건 : 영상, 음향, 촉감, 향기, 맛 등

※ 출처 : 주경복. (2007). 커뮤니케이션 조건에서 텍스트 수사학의 접근 문제. 한국수사학회 학술대회, 59-60면의 내용을 표로 구성함.

이렇게 복잡한 커뮤니케이션의 성립 조건에도 불구하고, '연대'를 위한 전제로서의 커뮤니케이션에서는 주체 x, y에 주목할 필요가 있습니다. 연대를 위한 커뮤니케이션은 x와 y라는 주체가 '우리'로 묶여 있는 상태에서의 주고받음이기 때문입니다. '우리'는 여러가지를 생각하게 합니다.

먼저 이것은 당신과 내가 동등한 집단에 속해 있다는 것을 의미합니다. 연대의 선행 개념은 박애, 즉 형제애 또는 우애였습니다.[79] 형제애를 생각해봅시다. 형제'애'라고는 하지만 형제나 자매가 있는 사람이라면 알고 있습니다. 그가 일생동안 만나는 대상 중에 가장 많이 싸우는 대상은 형, 누나, 동생이거나 언니, 오빠, 동생입니다. 어렸을 적에는 하루가 아니라 두세 시간이 멀다 하고 싸우는 관계가 형제자매입니다. 하지만 반전이 생기는 순간이 있습니다. 동생이 다른 누군가에게 놀림을 받거나 맞고 온 날입니다. 이런 날에는 형이 바빠집니다. 동생을 때린 녀석을 찾기 위해 온 동네 구석구석을 헤집고 다닙니다. 동생도 마찬가지입니다. 자신이 아무리 친구에게 오빠의 욕을 했다고 하더라도, 친구가 그에 공감을 넘어서 동조한다면 동생의 태도는 싹 바뀌게 됩니다. 어느새 오빠 편이 되어 친구에게 화를 내고 있습니다.[80] 이러한 이유는 형제자매가 평소 가장 나와 많이 싸워왔던 존재라 하더라도 한 가족이라는, '우리'라는 동일한 집단에 묶여 있기 때문입니다.

　　2023년 개봉된 영화 〈달짝지근해: 7510〉[81]에도 이러한 내용이 나옵니다. 스포일러가 될 수 있지만, 관련 내용을 잠시 적습니다. 석호(차인표 분)와 치호(유해진 분)는 한 가족이지만 어머니가 다른 형제였습니다. 흔한 콘텐츠의 설정과는 다르게 형인 석호가 혼외 자식이었습니다. 그 사실을 모르던 형제는 석호의 친모가 찾아와 돈을 요구하는 사실을 목격하고 충격을 받습니다. 그리고 친모는 석호를 데리고 떠나게 됩니다. 친모는 다시 석호를 버리고, 석호는 집에 돌아오지 않습니다. 치호의 엄마는 석호를 찾기 위해 치호의 손을 잡고 석호를 찾아다닙니다. 치호의 엄마는 건너편 골목에 있는 석호를 발견하고 급하게 길을 건너다 교통사고로 사망하게 됩니다. 치호는 엄마품에 안긴 덕에 생명에는 지장이 없었으나 정신적 충격을 받게 됩니다. 이로 인해 또래의 놀림을 받게 됩니다. 집으로 돌아온 석호는 동생을 괴롭히는 녀석들을 혼내주고 다니게 됩니다.

가족과 형제에 관한 석호의 태도에 주목해 볼만합니다. 치호와 한 형제라는 것을 당연한 사실로 받아들이던 것이 친모의 등장으로 바뀝니다. 자신은 이 가족의 식구가 아니라는 인식, 치호와도 형제임을 거부하려는 의지를 보이게 됩니다. 하지만 치호의 엄마가 자신을 찾아다니다 죽음을 맞게 됨으로써 석호의 태도는 다시 바뀌게 됩니다. 흥미로운 건 석호가 바뀐 이유입니다. 영화 내내 석호와 치호의 생물학적 조건은 바뀐 적이 없습니다. 왜 석호의 태도가 바뀌었을까요?

첫째, 자식을 빌미로 돈을 요구하는 친모를 보자 여태까지 자신이 받았던 것이 자식에 대한 사랑이 아니라 엄마 없는 아이에 대한 동정이라고 생각했을 것입니다. 그러하니 친모가 자신을 버려도 원래 집에 돌아갈 생각을 하지 못했을 것입니다. 둘째, 자신을 찾아다니는 치호의 엄마를 보고서, 그리고 자신에게 달려오다 사고로 숨진 경험을 통해 많은 감정이 교차했을 것입니다. 미안함이 가장 큽니다. 자신에 대한 사랑을 동정으로 오해했다는 미안함일 겁니다.

이렇게 본다면 형제애는 형제라는 생물학적 조건에서 탄생하는 것이 아닌 듯합니다. 그 반대로 함께 보낸 시간으로 인해 사랑이 형성되고, 다만 그 관계가 형제일 뿐입니다. 이것은 우리에게 생물학적 조건과 무관하게 연대체를 형성할 수 있다는 가능성을 시사합니다.

23

연대의지가
숫구칠 때

    '우리'라는 개념으로 나와 타자를 묶는 이유는 서로가 동일하다는 인식, 혹은 동일한 목표를 가지고 있다는 인식 때문입니다. 그러하기에 '우리'로 수식이 가능하다면 '연대'가 붙는 것이 자연스럽습니다. 우리 사회-사회연대, 우리 공동체-공동체 연대, 우리 계급-계급 연대 등과 같이 말입니다.

    한편 국가, 가족과 같은 단어는 '우리'로 수식 가능함에도 '연대'와 함께 쓰이지는 않습니다. 우리나라는 자연스럽지만, 국가 연대는 부자연스럽고 우리 가족은 자연스럽지만, 가족 연대는 어색합니다. 이것이 국가나 가족 내 구성원 간에는 연대 의식이 필요 없다는 의미는 아닙니다. 국가는 법으로, 가족은 혈연으로 결합된 것이기에, 연대라는 의지적 매개체보다 더 강력한 것으로 이미 결합되어 있기에 '연대'라는 단어가 별도로 붙지 않을 뿐입니다. 그 반대로 국제사회에서 '국가 간 연대'라는 말이 쓰이는 이유는 연대 의식 말고는 국가들에 서로간 책임을 지울만한 매개체가 없기 때문입니다. 국제조약 역시 기대고 있는 것은 서로 간 신뢰에 불과하니까요.

연대의 전제가 되는 서로 간 동일성에 관한 인식 또는 목표는 철저히 주관적입니다. 한국의 노동자는 한국의 자본가와 한국을 매개로 하여 연대를 실천할 수도 있지만, 한편으로는 다른 국가의 노동자와 계급 연대를 실천할 수도 있습니다. 예를 들면 한국기업의 동남아시아 공장에서 노동착취가 행해질 때 한국에 있는 노동조합이 해당 기업 제품에 대한 불매운동을 벌일 수도 있습니다. 그 반대로 그 소식을 듣고도 모르쇠 할 수도 있습니다. 내가 누구와 연대하느냐는 스스로의 정체성에 대한 인식에 따라 달라집니다.

자신에 대한 정체성 인식이 쉽지는 않습니다. 소크라테스의 단순한 말, "너 자신을 알라."가 명언인 이유는 스스로를 알기가 어려운 탓입니다. 그래서 연대는 내가 누구인지가 아니라 나의 적이 누구인지 앎을 통해 이루어지기도 합니다. 미헬스(Michels) 또한 연대가 방어적인 성격을 가진다고 이야기합니다.[82] 연대엔 날카로운 대립물의 존재가 필수적입니다. 인간은 무엇인가에 대항할 때야만 연대 의지가 솟구친다는 것입니다.

드라마 〈런온〉 제13화에는 수빈의 이야기가 그려집니다. 수빈은 부모님 없이 이모와 같이 살고 있습니다. 또래와의 다툼으로 출석 정지를 당한 수빈은 이를 해결하기 위해 또래의 엄마를 찾아갑니다. 하지만 그녀는 수빈에게 못 배워먹었다는 말과 함께 엄마든 이모든 데리고 오라는 쏘아붙입니다. 이때 미주(신세경 분)가 갑자기 벽돌을 들고 나타나 그녀의 차를 찍어 버릴듯 행동합니다. 당황한 그녀가 미주의 정체를 묻자 이렇게 대답합니다.

"나? 얘 언니. 부모 있는 거 뭐 유세라고"[83]

미주와 수빈은 친자매도 아니며 친밀했다고도 말하기 어려운 관계였습니다. 그저 기선겸(임시완 분)을 몇 번 따라가서 수빈이 속해 있는 육상부 훈련을 참관한 게 다였습니다. 그런데 미주는 왜 그랬을까요? 미주는 선겸에게 다음과 같이 털어놓습니다.

"난 가끔 그런 생각 하거든요. 나한테 이런 사람이 있었으면 좋겠다. 근데 그거는 내가 지금 뭔가에 결핍이 있다는 거거든. 나도 수빈이가 당하던 그런 순간들에 내 손잡고 가서 지랄해 줄 사람 있었으면 좋겠다 뭐 그랬던 거 같아요."[84]

미주는 학창시절에 겪었던 일들이 떠올랐을 겁니다. 억울하게 괴롭힘을 당해도 내 편이었던 어른 한 명 없었던 시절이 생각났을 겁니다. 이 중년 여성은 미헬스가 언급했던 날카로운 대립물이었습니다. 미주로 하여금 수빈과 연대하도록 만드는 강력한 매개체였습니다.

24

우리는
어디까지일까?

연대가 가능한 '우리'의 범위는 어디까지인가? 이것은 사람에 따라, 상황에 따라 달라집니다. 극단적으로 사람은 모두 혼자 사는 존재라며 '우리란 없어!'라고 외치는 사람도 있을 것이며, '우리'를 지구상의 온 인류로 바라보는 사람도 있을 것입니다. 동일인이라고 하더라도 자신이 처한 상황에 따라 '우리'의 범위가 바뀔 수 있습니다. 적과 동지가 고정되어 있지 않다는 영화 대사가 이를 의미합니다.

커트 바이에르츠(Kurt Bayertz)는 〈연대의 네 가지 용례〉라는 논문을 통해 '연대'의 맥락을 분석하였습니다.[85] 우리는 이에 따라 연대의 범위를 끄집어낼 수 있습니다.

연대의 가장 좁은 범위는 공동 목표를 매개로 합니다. 사회운동에서의 공동 목표는 참여자의 정서적 통합에 기여할 뿐 아니라 상호 지원을 용이하게 합니다. 노동운동, 인권운동, 환경운동 등에서 볼 수 있는 연대입니다. 이러한 연대를 가능케 하는 것은 무엇이 옳다라는 신념, 즉 정의 관념입니다. 사회운동에서는 연대의 목표가 이해타산을 넘어설 수 있음을 암시합니다.

사회운동의 연대는 해당 구성원들에게 강한 의무로도 작용합니다. 연대하지 않을 경우 비난이 따릅니다. 연대하지 않음이 연대해야 할 동료들에게 피해를 줄 수 있기 때문입니다. 그 예로는 노동운동이 있습니다. 노동운동은 집합적 선을 목표로 합니다. 노동자 개인으로서는 근로조건 향상을 쟁취하기 어렵기에 노동조합을 만들어 움직이게 됩니다. 노동운동에 참여하는 개인은 참여 그 자체로 위험 부담을 지게 됩니다. 하지만 투쟁의 성과물은 조합원에게만 돌아가는 것이 아닙니다. 근로조건 향상이라는 결과물은 모든 노동자에게 적용됩니다. 이에 노동운동에 연대하지 않는 노동자는 도덕적으로 비난받는 것이 온당합니다. 서유석의 표현대로 이런 경우의 "연대는 한 마디로 '무임승차'의 반대말"입니다.[86]

연대의 범위를 조금 더 넓혀 사회공동체의 연대를 생각해 봅시다. 사회공동체의 연대는 사회를 내적으로 결합시키고 통합시키는 연대 개념으로 '함께 사는 사람으로서의 연대'라고 할 수 있습니다. 이 배경에는 공통된 역사와 생활 방식 등이 있습니다. 러시아의 철학자 크로포트킨(P. Kropotkin) 역시 타인과 협동적 사회관계를 이루려는 성향을 인간 본성의 하나로 보았습니다. 그의 책 〈사회부조 진화론〉의 한 대목을 옮깁니다.

"필자는 이웃집에 불이 난 것을 보고 전혀 알지도 못하는 이웃 사람에게 때로는 물양동이질을 함께 거들어 주거나 달려가 주는 이런 행동이 결코 사랑이란 말로 표현될 것은 아니라고 생각한다. … 그것은 사랑도 아니고 개별적인 동정도 아니며 그보다 무한히 넓고 큰 의식(감정)이며, 지극히 오랜 세월에 걸쳐 진화하는 과정에서 동물이나 인간 가운데 서서히 진전된 본능이다."[87]

사회공동체의 연대는 맹자가 말하는 '측은지심'이라고 표현할 수도 있습니다. 맹자가 제시하는 예 역시 크로포트킨이 들었던 사례와 비슷합니다. 〈맹자〉의 내용을 옮겨봅니다.

"인간은 모두 '불인인지심(不忍人之心, 사람을 잔인하게 해치지 못하는 마음)'을 갖고 있다. 선왕이 '불인인지심'을 갖고 있었으니, 이에 '불인인지정(不忍人之政, 사람을 차마 해치지 못하는 정치)'이 있게 된 것이다. '불인인지심'으로 '불인인지정'을 행한다면 천하는 손바닥 위에서 움직일 수 있다. '인간은 모두 불인인지심을 갖고 있다'라고 말하는 이유는 다음과 같다. 지금어떤 사람이 갑자기 어린아이가 우물에 빠지려는 것을 보면모두 깜짝 놀라 '측은지심(則隱之心, 마음이 아프고 안타까운마

음)'을 갖게된다. 그것은 안으로 어린아이의 부모와 교제하려
는 것이 아니고, 마을 친구들에게 칭찬을 받으려는 것도 아니
며, 아이를 구해주지 않았다는 오명을 싫어해서 그러한 것이
아니다."[88]

사회공동체를 국가로 바꾼다면 사회공동체의 연대는 국가에
서의 연대가 됩니다. 국가 내 연대는 사회보장 정책으로 제도화됩니
다. 사회 안전망 구축의 이념적 근거가 연대인 것입니다. 크로포트킨
이 말하는 물양동이질 함께 하기, 맹자가 말하는 우물에서 아이 구하
기가 제도화되는 것입니다.

사회보장이란 국민을 사회적 위험에서 구출하는 것입니다. 사
회적 위험에 대해 법적 정의는 없지만, 다음과 같이 설명할 수 있습
니다. 첫째, 특정의 사건이 한 사회 내 다수의 개인에게 빈번히 발생
및 누적되며(다수의 현상) 둘째, 이 사건이 해당 개인에게 위험으로 작
용하여 당사자가 누리는 삶의 질을 저하시켜(개인적 위험) 셋째, 사회
전체적으로 이 위험에 대처해야 할 필요성에 합의가 이루어진 것(사
회적 합의)이라 말입니다.[89] 이 설명에서 볼 수 있다시피 사회보장은
개인적 위험에 사회가 함께 책임을 지겠다는 합의에 근거합니다. 이
합의는 사회공동체적 연대의 실현입니다.

한편 사회보장을 포함한 국가의 복지정책은 빈부의 책임이 개
인과 함께 사회구조에 기대어 있다는 반성이기도 합니다. 국가가 설
계한 사회구조로 인해 빈곤이 발생했다고 한다면 이를 시정할 책임
도 국가에게 있습니다. 그러하기에 국가는 재분배 정책을 실시하여

빈곤에 빠진 이들을 구출해야 하는 것입니다.

　　마지막으로 연대를 가장 넓게 확장한다면 그 대상은 인류입니다. 여기서 연대는 지구상의 모든 사람을 하나의 공동체로 묶습니다. 해외 구호 활동이나 후원 역시 이러한 연대 의식에 발생한다고 할 수 있습니다. 이러한 관점에서 독일의 철학자 막스 셸러(Max Scheler)는 연대를 전체 도덕계를 하나의 커다란 통일체로 묶는 원리로 보았습니다. 이에 따르면 우리 모두는 타인의 행동과 욕망, 장단점에 대해 공동책임을 져야 합니다.

　　드라마 〈경성크리처〉 제8화에서 장태상(박서준 분)은 옹성병원에서 생체실험 대상이었던 조선인을 구합니다. 그 과정에서 위기에 처한 장태상은 마에다(수현 분) 덕에 목숨을 건집니다. 마에다는 혼수상태에서 깨어난 장태상에게 당신답지 않게 왜 남의 일에 목숨을 걸었냐고 묻죠. 그도 그럴 것이 장태상은 금옥당의 주인으로 살아남는 것이 유일한 삶의 목적이었던 사람이었기 때문입니다. 그는 화가 났다고 대답합니다. 잘못도 없는데 생체실험을 당하는 꼴을 보니 그냥 화가 났다고 말입니다. 마에다는 같은 조선인으로서 참을 수 없었냐고 되묻습니다. 장태상은 같은 사람으로서 참을 수가 없었다고 대답합니다.[90]

　　마에다의 질문과 장태상의 대답을 함께 생각해봅시다. 마에다는 장태상에게 당신 안에 아직 조선인이라는 사회공동체가 존재하느냐고 묻습니다. 조선인이라는 소속감이 남아있었냐고 물었던 것이지요. 장태상에게는 막대한 부가 있었기에 조선인이라는 사회공동체가 필요 없었습니다. 마에다의 말은 틀리지 않았습니다. 그렇기에 장태상의 말은 더욱 의미가 있습니다. 조선인이어서가 아니라 사람이기에 화가 났던 것입니다. 그리고 장태상의 그 대답 덕분에 마에다의 마지막 질문이 가능했을 것입니다.

"우린 아직 친구인가요?"

이제 우리 스스로에게 물어볼 차례입니다.
우리의 친구는 어디까지인가요?
우리의 '우리'는 어디까지인가요?

2부.
민주주의와
가족의 민낯

25

가난하고 외로운
생존자

영국의 경제학자 노리나 허츠(Noreena Hertz)는 책 〈고립의 시대〉를 친구 빌리기 경험으로 시작합니다. 노리나 허츠는 앱을 통해 '친구'를 빌리고 기다리는 동안 그에게 딱 시간당 40달러어치의 친밀감을 기대합니다. 혹시 이 친구라는 단어가 성적인 파트너를 암시하는 것은 아닐까 첫 경험자다운 걱정도 합니다. 노리나 허츠는 만난 지 몇 분 만에 그 걱정을 내려놓습니다. 둘은 몇 시간 동안 맨해튼 중심가를 돌며 미투 운동에서부터 좋아하는 책들을 이야기합니다. 의류매장에서는 서로의 옷을 골라줍니다. 우정을 위해 돈을 지불했다는 사실도 잊습니다. 스마트폰 클릭 몇 번으로 우정을 주문하는 것, 노리나 허츠는 '외로움 경제'라고 이름 붙였습니다.[91]

그는 외로움이 현대사회에서 중요한 문제가 되었다는 것을 말하기 위해 몇 가지 사실을 내어놓는데, 눈길을 끄는 것은 일본의 노년 범죄입니다. 지난 20년간 일본의 65세 이상 노령층의 범죄 건수가 4배로 급증한 것에 대해 일본의 한 교도소 소장은 그 원인을 노령층의 외로움에서 찾습니다. 적지 않은 수의 노인이 사회적 고립을 벗어나기 위해 소소한 경범죄를 저지른다는 것입니다. 그들에게는 감옥이 "집에서는 찾지 못하는 공동체를 경험할 수 있는 장소"로 묘사되기도 합니다. 감옥 속에서 보살핌과 동료애를 얻는다는 것입니다.

외로움의 문제에서 우리나라도 비켜나갈 수 없습니다. 2023년 인천시자살예방센터가 내놓은 '인천시 1인 가구의 자살에 대한 인식과 자살위험 관련 요인 분석'에 따르면 다인 가구 거주자 중 자살 고위험자는 30.1%였던 반면 1인 가구 거주자 중 자살 고위험자는 54.1%였습니다.[92] 자살 경험 시도에서도 7.9%와 18.8%로 배 이상의 차이가 났습니다. 실제로 자살 동기를 분석한 결과에서는 정신적 문제가 가장 높은 비율로 나타납니다.[93] 2020년을 기준으로 본다면 정신적 문제(38.4%), 경제적 문제(25.4%), 육체적 질병(17.0%) 순이었습니다. 자살의 원인이 된 정신적 문제를 외로움이라고 단정지을 수는 없지만, 외로움이 정신적 문제의 주요한 원인 중 하나라는 것에는 이견이 없습니다.

외로움이 정신 건강에만 영향을 미치는 것은 아닙니다.[94] 30만 명을 대상으로 한 미국의 연구는 사회적 고립과 외로움이 하루에 담배 15개비를 피우거나 알코올 중독과 비슷한 정도로 건강에 해롭다는 결과를 내놓았습니다. 암 환자의 경우 외로움이 심할수록 면역 수치가 감소하고 통증, 우울감, 피로감이 증가했습니다. 외롭고 고립된 삶은 자극 저하와 운동 부족, 무기력감과 연결되면서 심혈관 기능 저하와 수면장애를 일으켰습니다.

외로움과 연결지어 생각할 수 있는 것이 고독사의 문제입니

[그림] 2016-2020년동기별 자살 추이

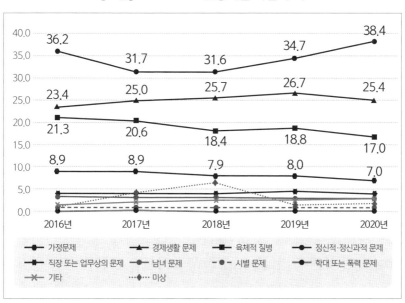

출처 : 보건복지부, 한국생명존중희망재단. (2022). 자살예방백서. 92면

다. 자살이 죽음을 맞이하는 단계의 문제라면, 고독사는 죽음을 발견하는 단계의 문제입니다. 법에 따른 고독사의 정의는 "가족, 친척 등 주변 사람들과 단절된 채 사회적 고립상태로 생활하던 사람이 자살·병사 등으로 임종을 맞고, 시신이 일정한 시간이 흐른 뒤에 발견되는 죽음"입니다(고독사예방법 제2조).

　　보건복지부가 행한 고독사 실태조사에 따르면 2021년 고독사 사망자 수는 총 3,378명으로 전체 사망자 수의 약 1.1%에 해당합니다.[95] 최근 5년간 이 수치는 2,412명(2017년, 0.8%)-3,048명(2018년, 1.0%)-2,949명(2019년, 1.0%)-3,279명(2020년, 1.1%)-3,378명(2021년, 1.1%)이었습니다. 느리지만 조금씩 증가하고 있습니다. 한편 최근 5년간 고독사 중 자살로 인한 사망 비중은 16.5~19.5%였습니다. 같은 기간 전체 사망자 중 자살로 인한 사망 비중이 4.2~4.7%임을 감안하면 외로움이 자살과 고독사로 이어질 확률이 높다는 것을 추측케 합니다.

　　연구자들은 고독사의 증가 원인을 1인 가구의 증가 및 사회적 관계의 단절로 꼽습니다.[96] 이 중 더 중요한 것은 사회적 관계의 단절입니다. 1인 가구라 할지라도 사회적 관계가 원활하다면 고독사로까지 이어질 확률이 적기 때문입니다. 특히 지금의 1인 가구는 자발적이라기보다는 환경으로 인해 발생된 경우가 많은데, 이들이 관계 형성이나 도움을 청할 사회적 네트워크를 찾는 건 어려운 일입니다.[97]

　　외로움을 사회문제라고 인식한다면 해결 방안을 제시해야 합니다. 해결 방안 중 하나는 가족 형성의 지원일 수 있습니다. 민법 제779조는 가족의 범위를 혼인 및 혈연으로 정하고 있습니다. 하지만 이러한 가족이 외로움을 없애 줄 것이라는 기대는 환상에 불과합니다. 드라마 〈런온〉에는 두 가족이 그려지고 있습니다.

먼저 선겸(임시완 분)의 가족입니다. 드라마의 중반 이후부터는 변화의 기미가 보입니다만 그전까지는 이게 과연 가족일까 싶습니다. 집이라는 공간에 가족이 모이는 날이라고는 미디어에 가족사진이 찍혀야 하는 기념일에 불과합니다. 평소 집에는 아무도 살지 않습니다. 선겸이 사는 곳 역시 할아버지가 소유한 호텔입니다. 선겸의 차 내비게이션에 등록된 곳이라고는 호텔과 선수촌뿐입니다. 그렇기에 선겸은 미주(신세경 분)에게 돌아갈 집이 없다고 말합니다.

다음은 단아(최수영 분)의 가족입니다. 단아의 가족은 한 집에 모여 삽니다. 하지만 그들이 모여 사는 이유는 차기 경영권 획득에 있습니다. 서로를 못 잡아먹어서 안달입니다. 태웅(최재현 분)이 누나는 왜 그렇게 나를 싫어하냐고, 내가 잘못한 게 뭐냐고 물었을 때 단아가 대답합니다. "왜 하필 이 집구석에서 태어났어?" 또 단아가 처음부터 끝까지 모든 걸 계획했던 자선마라톤행사를 명민(이신기 분)에게 빼앗겼을 때 내뱉은 대사는 다음과 같습니다. "가…족같은 소리를 하고 계시네요."

화목한 가족, 서로의 의지할 곳이 되어주는 가족이라는 것은 하나의 지향점에 불과합니다. 드라마 하나로 성급하게 일반화시킨 것이 아닙니다. 가족이라는 공고한 틀이 지옥인 경우는 실제로 많습니다. 2022년 한 해 동안 배우자나 파트너로부터 신체적, 성적, 경제적, 정서적 폭력 중 하나라도 경험한 비율은 7.6%(여성 9.4%, 남성 5.8%)였습니다.[98] 또 2022년 같은 기간 동안 아동학대로 신고가 접수된 건은 46,103건, 아동학대로 판단된 사례는 27,971건이었습니다. 학대 행

위자 중 부모의 비중은 82.7%였으며, 학대 장소도 가정이 81.3%였습니다.[99]

가정폭력이나 학대가 아니더라도 원가족과의 불화는 어쩔 수 없는 독립을 선택하도록 만듭니다. 이러한 독립은 대개 경제적 위기 뿐 아니라 가난하고 외로운 생존을 만들어 냅니다.[100] 외로움이란 사회문제에 대해 가족이라 대답하는 것은 오답에 불과합니다.

26
꼭 가족이어야만
할까?

드라마 〈런온〉에서 이상적인 가족에 가까운 결합을 따진다면 선겸이나 단아네 보다는 미주(신세경 분)와 매이(이봉련 분)의 관계입니다. 학교에서 선후배로 만난 두 사람은 영화배급사 대표와 프리랜서 통·번역사로 지금은 한 집에서 함께 생활을 합니다. 미주가 20대 초반 매이 언니를 만나서 자신의 삶이 바뀌었다고 할 정도로 둘 간의 신뢰 관계는 끈끈합니다. 그렇다고 연인은 아닙니다. 매이는 잠시 한 집에 거주하기로 한 선겸(임시완 분)에게 자신은 무성애자이니 삼각 치정 관계와 같은 걱정을 안 해도 좋다고 일러둡니다. 둘은 꼭 가족

'같은' 관계일 겁니다. 제16화의 대사는 이렇습니다.[101]

> 미주 : 나는 내 인생에 나밖에 없는 줄 알았거든? 근데 아닐
> 때가 많은 것 같아. 언니가 내 가족은 아니지만.
> 매이 : 꼭 호적에 나란히 올라야 가족이냐? 같은 피 섞여야 가
> 족이야? 우리 엄마는 계속 너 막내딸이라고 하던데. 이
> 불효막심한.

보호종료아동 출신인 미주가 매이를 만나 새로운 가족이 된
것입니다. 매이는 미주의 언니가 된 것을 넘어 미주에게 엄마도 만들
어 주었습니다. 자신의 엄마에게도 막내딸을 만들어 주었습니다.

그렇다면 의문이 생깁니다. 민법상 가족, 즉 혼인과 혈연으로
만 가족이 형성된다는 규정을 꼭 고집할 필요가 있을까요? 2021년
여성가족부가 행한 〈가족다양성에 대한 국민인식조사〉에서 이러한
물음을 던진 적이 있습니다.[102] 법적 혼인 및 혈연으로 연결되어야만
가족이라 할 수 있다는 의견에 동의하는지를 물었는데 동의한다는
응답은 51.1%, 동의하지 않는다는 응답은 48.9%였습니다. 팽팽합니
다. 눈여겨 볼 것은 이전 조사와의 비교입니다. 2019년부터 매년 행
해진 이 질문에 동의율은 67.3%→64.3%→51.1%로 낮아지고 있습니
다. 그렇다면 지금의 가족 규정은 사람에 따라, 생각에 따라 무시해
도 되는 틀에 불과할까요? 법이 가족을 뭐라 규정하던지, 한 집에서
함께 살면 가족이라 부를 수 있는 것일까요? 미주와 매이의 이야기
에 '만일'을 더해 생각해 봅시다.

① 미주가 교통사고를 당해 병원에 실려갔다고 합시다. 당장 큰 수술을 해야 합니다. 여기서 매이는 보호자로서 그 수술에 동의할 수 있을까요?

② 수술에도 불구하고 미주의 상황은 악화되었습니다. 의학적으로 더는 손 쓸 방도가 없다고 합니다. 이때 매이는 미주의 연명치료 중단에 동의할 수 있을까요?

이 두 가지 상황에서 매이는 동의할 수도, 동의하지 않을 수도 없습니다. 매이에게 동의권이 없기 때문입니다. 의료법은 사람의 생명 또는 신체에 중대한 위해를 발생하게 할 우려가 있는 수술 등을 할 경우 환자 또는 환자의 법정대리인의 동의를 받도록 하고 있으며(제24조의2), 연명의료결정법 역시 연명의료중단 결정에 있어 가족(배우자, 직계비속, 직계존속, 형제자매)의 진술을 요구하고 있으니까요(제17조, 제18조). 함께 살아왔던 미주와 매이의 '역사'에도 불구하고 생사를 오가는 가장 중요한 순간에 매이의 의사는 배제됩니다. 가족의 가장 중요한 역할이 서로에 대한 돌봄임에도 불구하고, 돌봄이 가장 필요한 순간엔 가족에서 추방됩니다. 법이라는 강력한 규율로 인해 말입니다.

김순남은 가족의 범위를 정하는 민법 제779조[103]가 가족 밖에 있는 관계를 익명화시킨다고 일갈합니다. 오랜 기간 함께 살고 있음에도 불구하고 애도할 권리, 애도 받을 권리를 박탈시킨다고 합니다.[104] 실제로 「장사 등에 관한 법률」제12조 제1항은 무연고자 시신에 대해서 조례로 정하는 바에 따라 장례 의식을 행한 후 일정 기간 매장하거나 화장하여 봉안하여야 한다고 규정하는데, 여기서 연고자는 배우자, 자녀, 부모, 직계 존비속, 형제 및 자매, 사망 전 치료, 보호 또는 관리하고 있었던 행정기관(치료·보호기관)의 장, 시신이나 유골을 사실상 관리하는 자 등일 뿐입니다(제2조). 한편, 2023년 일부 개정으로 무연고 사망자라고 하더라도 사망하기 전에 장기적·지속적인 친분관계를 맺은 사람 또는 종교활동 및 사회적 연대활동 등을 함께 한 사람, 사망한 사람이 사망하기 전에 본인이 서명한 문서 또는 「민법」의 유언에 관한 규정에 따른 유언의 방식으로 지정한 사람이 희망하는 경우에는 장례 의식을 주관하게 할 수 있다는 규정(제12조 제2항)을 신설하였습니다. 함께 살던 사람이 장례를 주관할 수 있도록 길을 열어놓은 것이지요. 하지만 이 방법은 법이 정한 연고자가 존재하지 않을 때야만 행할 수 있는 보충적이고 최후적인 방법에 불과합니다. 유언장이 있다고 해도 법이 정한 가족 뿐 아니라 행정기관의 장에게도 밀리는 순번입니다. 이 모든 것을 지난다고 하여도 무연고자로 규정된 사망자가 연고자로 변하는 것도 아닙니다

　　슬퍼할 권리뿐만이 아닙니다. 계속 함께 살아왔음에도 불구하고 미래를 함께 설계할 권리가 박탈되기도 합니다.[105] 2021년에는 아파트 청약에 있어 노부모부양 특별공급에 당첨이 되었다가 노부모가 친모가 아니라는 이유로 당첨이 취소된 사건이 화제였습니다.[106] 아버지가 재혼한 어머니를 38년간 모시고 살았지만, 계부모의 경우 직계존속으로 인정할 수 없다는 것이었습니다.

　　가족이 아니라는 이유로 배제되는 것은 더 있습니다. 건강보

험의 피부양자가 될 수도 없으며, 상대방이 사망한다 해도 유족연금을 수령할 수 없습니다. 민법 제779조는 함께 거주하는 시민들의 삶을 가족이 아니라는 이유로 임의적이며 없는 것으로 치부해버립니다. 가족 밖에 거주하는 시민들의 관계 형성의 자유를 억압합니다. 가족만이 한 집에서 살 수 있는 정상적 관계로 규정합니다. 가족에서 배제되는 이들은 관계 속 주체임에도 불구하고 그 주체성에 대해 사회적 승인을 얻지 못합니다. 주인이되 주인으로서 인정받지 못하는 것입니다. 한 집에서 함께 살고 있음에도 불구하고, 가족이라는 관계에서 보장받는 것들을 보장받지 못합니다. 법이 정한 가족이라는 관계에 비해 차별적 처우를 받고 있는 것입니다. 가족의 범위를 민주주의라는 눈으로 바라 볼 필요가 있습니다.

27

또 다른 가족의
가능성

우리나라에서 가족의 범위를 규정하고 있는 민법은 독일식 편제를 따르고 있습니다. 독일 민법이 일본 민법으로, 일본 민법이 우리나라 민법으로 계수되어 왔습니다. 독일 민법의 특징은 법이 추구하고자 하는 인간상이 통일되어 있지 않다는 점입니다. 재산법에서는 자유로운 인간상을, 가족법에서는 가족 구성원으로서의 인간상을 추구합니다.[107]

자유로운 인간상은 신에 복속된 인간이 아닌 그 자체로 존엄하고 자유로운 인간, 근대 사상의 밑바탕이 된 인간상입니다. 자율적으로 관계를 맺고 계약을 체결하며 그에 따른 책임을 지는 인간상입니다. 우리가 지금 당연하다고 생각하는 인간상이며 민주주의가 추구하는 인간상입니다. 민법에서의 물권법이나 채권법과 같은 재산법 관련 규정은 자유로운 인간상에 따라 규정됩니다. 이러한 이유로 약속은 반드시 지켜져야 합니다. 약속을 무효 또는 취소로 되돌리기 위해서는 엄격한 요건이 요구됩니다.

그에 반해 가족법에 투영되는 인간상은 불완전한 존재입니다. 혼자서는 생존할 수 없으며, 특정한 결속체에 의탁해야만 생활이 가능합니다. 갓 태어난 아기 혹은 어린아이와 같습니다. 아이에게 완전한 자율성을 인정하고 독립된 선택권을 부여할 수는 없습니다. 그는 스스로의 삶을 책임질 수 없습니다. 그를 보호하는 결속체는 필수적이며 이것이 가족입니다. 따라서 가족법은 재산법과는 달라야 합니다. 법 조문이 개인의 권리, 의무를 중심으로 형성되어서는 안 됩니다. 인간은 불완전하기에 가족의 구성원에 불과합니다. 가족법은 가족을 중심으로 문제를 인식하게 됩니다. 그렇게 규정된 것들이 바로 친자관계, 후견, 부양 등입니다.

여기서 우리는 질문을 던지게 됩니다. 어린아이 시절에야 불완전한 존재이기에 가족의 구성원으로 인식되는 것이 옳다 치더라도, 성인이 된 이후에도 그렇게 취급받아야 하는가? 이 질문은 민법상 가족제도가 고정된 것이냐는 물음을 전제로 합니다. 이에 대해서는 헌법재판소가 호주제 헌법불합치 결정을 통해 이미 답을 했습니다. "가족제도는 민족의 역사와 더불어 생성되고 발전된 역사적·사회적 산물이라는 특성을 지니고 있기는 하나, 그렇다고 하여 가족제도나 가족법이 헌법의 우위로부터 벗어날 수 있는 특권을 누릴 수 없다."[108]

그렇다면 가족생활 보장을 규정하는 헌법 조문을 봅시다. 혼인과 가족생활은 개인의 존엄과 양성의 평등을 기초로 성립되고 유지되어야 하며, 국가는 이를 보장한다(헌법 제36조 제1항). 이 조문만으로 현재 가족제도의 정당성을 판단할 수는 없습니다. 헌법이 가족에 요구하는 것은 개인의 존엄, 양성의 평등뿐이니까요. 헌법은 가족이 무엇이냐에 대해서도 침묵하고 있습니다.

헌법이 보장하는 가족이 무엇인지 해석론을 살펴봅시다. 모든 연구자들이 공통적으로 인정하는 요건으로는 가족 구성원이 하나의 생활공동체를 형성하고 있어야 한다는 것입니다. 견해가 갈리는 부분은 구성원 간의 관계, 즉 현행 민법의 가족 범위에서처럼 혈연, 혼인, 입양 등으로 엮여있어야 하느냐입니다. 헌법재판소는 유연한 입장을 취하고 있습니다. "오늘날 가족이란 일반적으로 부모와 미혼자녀로 구성되는 현실의 생활공동체를 의미하는 것으로 인식되고 있다."라고 말하면서도 "사회의 분화에 따라 가족의 형태도 매우 다변화되고 있다."라고 말합니다. "자녀가 없는 부부만의 가족, 모와 자녀로 구성되는 가족, 재혼 부부와 그들의 전혼소생자녀들로 구성되는 가족들도 많다."라고도 언급합니다.[109] 헌법재판소의 입장은 가족의 요소로 생활공동체만을 필수적으로 남겨두고, 구성원 간의 관계를 비롯한 가족 형태는 사회에 맡겨둔 것이라 보입니다. 헌법재판소의 결정을 조금만 더 확인해 보겠습니다.

"혼인과 가족생활은 인간 생활의 가장 본원적이고 사적(私的)인 영역이다. 이러한 영역에서 개인의 존엄을 보장하라는 것은 혼인·가족생활에 있어서 개인이 독립적 인격체로서 존중되어야 하고, 혼인과 가족생활을 어떻게 꾸려나갈 것인지에 관한 개인과 가족의 자율적 결정권을 존중하라는 의미이다. ... 국가는 개인의 생활양식, 가족 형태의 선택의 자유를 널리 존중하고, 인격적·애정적 인간관계에 터잡은 현대 가족관계에 개입하지 않는 것이 바람직하다."[110]

여기서 눈길이 머무는 대목은 가족 형태에 대한 선택의 자유, 그리고 독립된 인격체로서의 존중입니다. 그렇다면 지금과 같은 혈연, 혼인, 입양으로만 가족 형성을 인정하는 제도가 이러한 헌법 이념에 부합하는지에 관해서는 상당히 회의적일 수밖에 없습니다. 이 세 가지 중 개인의 선택권이 작용할 수 있는 것은 혼인에 불과하기 때문입니다. 결국 혼인 외의 가족 형성의 자유는 막혀있다고 보아야 합니다.

28

등록
동반자

지금까지 우리가 지켜왔던 가족제도로는 가족 형성의 시민적
자유를 보장할 수 없습니다. 혈연, 혼인, 입양으로만 이루어지는 가
족의 범위는 자립하려는 시민의 가족형성권을 가로막을 우려가 큽
니다. 국가의 개인에 대한 의도치 않은 권리 박탈이 가족관계에서 발
생합니다. 이를 보완하려는 시도가 등록동반자 관계입니다. 등록동
반자 관계는 1980년대 후반 유럽에서부터 시작된 것으로, 전통적인
가족제도를 훼손하지 않으면서 새로운 가족 형태를 인정하자는 것
입니다. 우리나라에서는 제21대 국회에 들어와 용혜인 의원이 '생활

동반자관계에 관한 법률안'이라는 이름으로 발의했습니다.

등록동반자제도의 가장 중요한 특징은 혼인이 아닌 명칭(등록 동반자 또는 생활동반자)으로 둘 간의 결합을 인정하면서 결합의 정도는 혼인보다는 약하게 요구한다는 것입니다. 결합하는 두 명은 동성일 수도, 이성일 수도 있습니다. 이성의 경우 혼인이라는 제도가 있는데 등록동반자제도가 왜 필요한지 의아할 수도 있습니다. 그러한 이유로 1989년 세계 최초로 등록동반자제도를 도입한 덴마크는 동성 간에서만 등록동반자 관계를 인정했습니다. 2001년에 생활동반자관계를 시행한 독일 역시 그 등록 대상을 동성으로 한정하지는 않았지만, 그 도입 목적은 동성 간의 사실상 혼인 관계 인정이었습니다. 동성혼을 인정하기는 아직 시기상조라는 생각에 생활동반자제도를 도입해 구성원에 가족법상 지위를 부여하려던 것이었습니다. 이후 독일에서는 동성혼이 인정됨과 함께 생활동반자제도가 사실상 폐지되었습니다.[III]

하지만 이성 간의 관계가 반드시 혼인을 목표로 하는 것은 아닙니다. 향후 혼인을 염두에 두는 관계라 할지라도 그 최종 결론에 이르기 전까지 서로의 생각을 좀 더 정리할 수 있는 단계가 필요할 수 있습니다. 등록동반자라는 역할은 열정만으로 진행되던 연애가 제도와 관습이라는 혼인 생활로 연착륙할 수 있도록 돕습니다. 용혜인 의원이 법안 발의 기자회견에서 한 말은 등록동반자제도의 필요성을 잘 요약합니다.

"생활동반자는 친구가 될 수도 있고, 결혼을 준비하는 연인이 될 수도 있고, 이혼과 사별 후에 여생을 함께 보낼 사람일 수도 있다. … 누구든 자신이 원하는 사람과 가족을 꾸릴 때, 국가에 의해 가족생활을 보장받고, 각종 사회제도의 혜택과 보호를 받을 수 있다면 우리 국민은 더욱 자율적이고 적극적으로 가족을 구성할 수 있을 것이다."[112]

등록동반자제도의 도입 목적이 동일하다고 해도 국가마다 그 운영은 달라집니다. 당사자 간의 결합 강도가 다르고 당사자의 책임도 차이가 납니다. 이성 간에서도 등록동반자 관계를 인정하는 국가를 중심으로 내용을 간단히 살펴보겠습니다.[113] 실제 제도를 본다면 등록동반자제도가 지금의 가족제도를 무너뜨릴지도 모른다는 근거 없는 불안감에서 해방될 수 있을 테니까요.

첫째, 프랑스의 등록동반자제도인 PACS(pacte civil de solidarité)는 1999년 11월에 시행되었는데, 우리말로는 시민연대계약 혹은 공동생활약정 등으로 번역되어 읽힙니다. PACS의 당사자는 미혼 상태인 성년 2인이어야 하며 직계혈족이나 3촌 이내의 친족이어서는 안 됩니다. 또 다른 사람과의 사이에서 PACS가 성립되어 있지 않아야 합니다. PACS 관계가 성립된다면 둘 간에는 동거, 부양, 협조 의무가 발생합니다. 다만 혼인 관계에서처럼 한 쪽의 성(姓)이 변경되지도, 인척 관계가 발생하지도 않습니다. PACS 관계 중 출생한 아이는 혼외자가 됩니다. 따라서 이성 간 PACS 관계에서 출생한 아이라고 하더라도 남성이 친부가 되는 것이 아니며 친자관계를 발생시키기 위해서는 남성의 인지가 필요합니다. PACS의 해소는 당사자 중

한 명만의 의사로도 가능합니다. 그리고 이 해소가 한 명만의 의사로 이루어졌다고 할지라도 상대방에게 위자료 지급 의무 등은 원칙적으로 발생하지 않게 됩니다. 일방적 해소 가능성을 열어주자는 것인 PACS의 취지이기 때문입니다.

제도 시행 초기인 2002년의 PACS의 성립 수는 혼인 성립 수의 10% 정도에 불과했으나, 20년이 지난 2022년에는 PACS 20만 9,827쌍, 혼인 24만 1,710쌍이었습니다. 코로나 팬데믹 기간인 2020년에는 PACS 19만 6,370쌍, 혼인 15만 4,581쌍으로 PACS가 혼인을 앞질렀습니다. 관계의 해소를 쉽게 하자는 것이 PACS 도입의 취지인데 실제로 헤어지는 비율은 대단히 낮습니다. 혼인한 부부는 3쌍 중 1쌍이 이혼하는 데 반해, PACS의 해소율은 10%대에 불과합니다.[114] 아마도 해소가 간단하니 서로에 대해 더 존중하게 되며 이로 인해 관계에 대한 신뢰가 두터워지는 것 같습니다.

둘째, 네덜란드의 등록동반자제도는 1998년 시행되었는데 그 도입 목적은 동성혼의 대안적 성격이었습니다. 독일과 동일했습니다. 하지만 독일과는 달리 2001년 동성혼이 허용된 이후에도 등록동반자관계는 여전히 살아있습니다. 네덜란드의 등록동반자관계는 프랑스보다는 강한 결합입니다. 혼인에 준하는 관계로 읽힐 수 있습니다. 프랑스와 달리 등록동반자와 상대방의 혈족 간에는 인척 관계가 발생하며 원한다면 상대방의 성(姓)을 사용할 수도 있습니다. 이성 간 등록동반자관계에서 아이가 출생한다면 남성이 그 아이의 아버지가 됩니다. 또 두 명의 여성이 등록동반자관계를 맺은 상태에서 한 명이 아이를 출산한다면 출산하지 않은 한 명 역시 아이의 부모로서 공동친권자가 됩니다. 등록동반자관계의 해소 역시 혼인의 해소와 유사합니다. 다만 이혼의 경우 양 당사자가 합의할지라도 법원의 재판을 거쳐야 하는 것에 반해 등록동반자관계의 해소에는 재판이 필요치 않습니다. 프랑스와 달리 일방의 의사만으로 이 관계를 해소하는 것은 불가능합니다.

네덜란드 역시 제도 시행 초기인 2002년의 등록동반자관계의 성립 수는 혼인 성립 수의 10% 정도에 불과했으나 2020년에는 등록동반자관계의 성립 수는 2만 4,136쌍으로 혼인 성립 수 5만 233쌍의 절반에 가까워졌습니다. 급격한 증가이기는 하지만 프랑스에는 미치지 못합니다. 네덜란드의 등록동반제가 프랑스의 PACS에 비해 당사자에게 강한 책임을 부여하는 탓입니다.

셋째, 벨기에의 등록동반자제도인 법정동거제는 2000년부터 시행되었습니다. 법정동거제의 특징으로는 프랑스의 PACS보다도 약한 결합을 추구한다는 데 있습니다. 법정동거는 당사자 간에 가족법상 신분을 창설하지 않으며 재산관계만을 새롭게 규율합니다. 그렇기에 법정동거의 성립 또한 용이합니다. 혼인이나 법정동거 상태가 아니라면 성인은 누구나 법정동거를 신청할 수 있습니다. 가족 사이에서도 법정동거가 가능하기에 형제자매 간에도 법정동거관계를 맺을 수 있습니다. 법정동거제는 성적인 결합을 전제로 하지 않기에 혼인 관계에서 인정되는 동거, 부양, 협조 의무는 인정되지 않습니다. 공동생활과 관련된 비용 분담 등만 있습니다. 그러하기에 관계의 해소 또한 용이합니다. 일방 당사자의 의사로도 법정동거를 끝낼 수 있으며 부양청구권 등도 발생하지 않습니다.

벨기에 역시 제도 시행 초기인 2002년의 법정동거 성립 수는 다른 국가들처럼 혼인 성립 수의 10% 정도에 불과했지만, 2010년부터는 혼인 성립 수의 90% 정도를 기록했습니다. 2020년에는 3만 6,329쌍을 기록하여 혼인 성립 수 3만 2,779쌍을 초과했습니다. 프랑스가 2010년 81.7%를, 2018년에야 89%를 기록한 것을 감안한다면, 벨기에의 법정동거 증가세는 매우 빠릅니다. 그것은 법정동거의 결합 강도가 매우 약하다는 데서 기인합니다.

세 나라의 통계치에서 재미있게 볼 만한 것이 있습니다. 다름 아닌 이성이 결합한 등록동반자관계 비율입니다. 2020년을 기준으로 할 때 등록동반자관계 중 이성 간 결합 비율은 프랑스의 경우 95.4%, 네덜란드의 경우 96.8%였습니다. 벨기에는 성별 결합에 대한 통계를 별도로 산출하지 않기에 알 수는 없지만 다른 두 나라와 비슷할 것으로 여겨집니다. 이는 다음을 시사합니다. 지금의 혼인과 같이 한 번의 선택으로 풀기가 매우 어려운 결합을 기피하는 사람들이 늘어나고 있다는 것입니다. 결합과 같이 해소에도 용이한 선택권을 보장 받고 싶어한다는 것입니다. 나를 옭아맬 가능성이 있는 제도라면, 나의 주인됨이 침해될 가능성이 있는 제도라면, 그 제도 안으로 들어가지 않겠다는 결정이기도 합니다.

등록동반자관계에서 해소가 용이하다는 것이 우려가 될 수 있습니다. '법적 강제가 없는 관계가, 혹은 신뢰로만 형성되는 관계가 얼마나 지속할 수 있을까?'라는 생각입니다. 이에 대해서는 프랑스의 낮은 PACS 해소 비율이 이미 답을 한 것 같지만, 김순남이 책에서 언급한 내용을 덧붙이려고 합니다. 그는 동거하는 게이 커플 인터뷰를 통해 강제가 배제된 관계만이 가질 수 있는 신뢰를 말합니다.[115] 혼인과 같이 결합의 지속을 강요하는 제도가 하나도 없는 상태에서 공동생활을 장기간 꾸려나간다면 이는 역설적으로 그 관계가 가진 끈끈함을 보여준다고 말이죠.

민주주의 서로를 책임지겠다는 다짐

29

동성애,
이해와 오해

가족제도를 민주주의적 시선으로 바라볼 때 놓칠 수 없는 것이 동성혼입니다. 하지만 그에 앞서 동성애에 대한 우리의 태도를 점검해 볼 필요가 있습니다. 동성혼은 동성애와 별개지만 동성애를 전제하니까요. 동성애에 대한 시선은 각자의 사회적, 문화적, 종교적, 개인적 배경에 따라 다르겠지만, 크게 지지, 비판, 중립적 시선으로 나눌 수 있습니다.

지지적 태도는 인권과 평등의 관점에서 바라봅니다. 동성애자들도 이성애자들과 마찬가지로 동등한 권리를 가지며 사랑과 결혼,

가족을 이루는 데 차별받지 않아야 한다고 생각합니다. 성적 지향의 다양성을 인정하는 것이 사회적 다양성과 포용을 증진시킨다는 믿음을 갖습니다.

비판적 태도는 개인이 가진 종교적 또는 도덕적 신념 체계를 기반으로 합니다. 동성애를 부자연스럽거나 죄로 여깁니다. 비단 죄로 인식하지는 않더라도 동성애를 전통적인 가족 구조나 사회적 규범에 도전하는 것으로 생각합니다.

중립적 태도는 동성애를 사회적 이슈로 인식하지 않겠다고 선언합니다. 성적 지향이 개인의 사생활에 속한다는 것에는 동의하지만, 여기에 관심을 가지지 않겠다는 태도입니다. 다른 사람의 일로만 보아 찬반의 입장을 정하지 않겠다고 이야기합니다. 하지만 완전한 중립적 태도가 있을까요? 가장 개인적인 것이 가장 정치적이라는 말이 있습니다. 동성애 역시 마찬가지입니다. 두 가지 사례를 생각해 보겠습니다.

첫 번째 사례, 2021년 안철수 후보는 퀴어 축제 참여 의사를 묻는 말에 차별은 없어져야 하며 개인의 인권은 존중되어야 하지만, 이를 거부할 권리도 존중받아야 한다고 답했습니다. 외곽 지역에서 열리는 미국 샌프란시스코의 퀴어 축제를 예로 들며 "퀴어 축제를 광화문에서 하는 것을 원하지 않는 분들도 계시지 않느냐."라며 말입니다.[116] 이 태도는 과연 중립적일까요? 평등과 인권에도 거부할 권리가 존중되어야 하는 것일까요? 만일 거부할 권리가 인정되는 사안이라면 보편적 인권이 아닙니다. 안철수 후보는 성소수자 문제를 인권이 아니라 대등한 가치 충돌로 바라보고 있습니다. 축제 장소를 외곽으로 옮기자는 결론은 모두가 만족하는 절충안이 아닙니다. 동성애에 대한 비판적 태도에서 나오는 대답입니다.

두 번째 사례, 유치원에 다니는 딸이 책을 읽다가 사귀는 게 뭐냐고 묻습니다. 아내는 남자와 여자가 서로 좋아하는 것이라 답합니다. 저는 딸의 사고가 편협해지는 것이 염려되어 아내의 답변을 바로잡습니다. "그건 이성애적 관점에 불과해. 남자끼리도, 그리고 여자끼리도 사귈 수 있어." 이에 아내가 답합니다. "내가 몰라서 그러는 게 아니야. 나중에는 당연히 알게 될 테지만 지금은 몰랐으면 해. 성소수자들이 이 사회에서 얼마나 힘들게 사는지 알지 않아?" 아내의 처음 답변은 이성애적 관점이 옳다는 생각에서 비롯된 것이 아니었습니다. 그녀는 동성애가 잘못된 것이 아니며 그들의 지향 역시 인정되어야 한다는 데 동의하고 있습니다. 그와는 별도로 내 딸이 힘든 길을 가지 않았으면 하는 바람도 있습니다. 저는 이 태도를 동성애에 대한 비판이 아닌 지지적 입장으로 이해합니다. 모두를 위해 재난이 일어나지 않았으면 하면서도 내 딸이 서 있는 자리에 재난이 닥치지 않았으면 하는 마음이니까요. 내 자식이 안전했으면 하는 것은 모든 부모의 바람입니다.

아내의 우려처럼 동성애는 아직까지 많은 차별에 시달리고 있습니다. 하지만 이전에 비해 많이 나아졌습니다. 언제부턴가 드라마 속에서 동성애는 이슈가 되지 않습니다. 드라마 〈런온〉에서처럼 자연스런 취향으로 여겨집니다.[117] 예준(김동영 분)과 영화(강태오 분)는 오랜 친구 사이입니다. 그와 동시에 예준은 영화를 혼자서 사랑하고 있습니다. 이걸 눈치채는 사람은 예준의 여동생 예찬(김시은 분)과 영화와 연인으로 발전하는 단아(최수영 분)에 불과합니다. 예찬과 단아가 동성애자인 예준을 대하는 방식은 다릅니다만 동성애를 바라보는 태도는 동일합니다.

먼저 예찬은 소위 '츤데레' 스타일입니다. 무심한 듯하면서도 신경을 씁니다. 오빠인 예준과 매일 싸우면서도 그의 성적 지향이 어떤지, 누구를 좋아하고 있는지 다 알고 있습니다. 영화가 단아와 사귀는 것을 알았을 때 예준에게 넌 괜찮냐며 모른 체하며 묻습니다. 영화의 부탁으로 단아의 생일 이벤트를 준비하는 예준에게 "지 연애나 잘할 것이지!"라며 속 터져 합니다. 예준이 성적 지향을 가족에게 들키고 나서 집 밖에서 울고 있을 때 예찬은 휴지를 건네준 후 무심한 듯 이야기합니다. "나도 남자 좋아해. 남자 좋아하는 거 뭐 그렇게 유세라고." 예찬은 성소수자에 대한 사회 인식, 그로 인한 당사자의 위축을 이해하며 조심스럽게 접근합니다.

단아는 사회가 가진 성소수자 혐오에 동참하지는 않으면서도 이러한 분위기를 적극적으로 이용합니다. 단아는 결혼하라는 압박을 피할 목적으로 가짜 커밍아웃을 합니다. 결혼으로 인해 경영권 쟁탈전에서 탈락하느니 성소수자에게 가해지는 사회적 혐오를 견뎌내겠다는 선택이었습니다. 한편, 단아는 예준을 애정 관계의 라이벌로 인식하고 경계합니다. 예준에게 영화를 좋아하는지 직접적으로 묻습니다. 그리고 예준에게 말합니다. "내가 쥔 게 아무리 많아도 친구가 라이벌이면 불리하잖아요. 우정 손에 쥐고 협박이라도 하면 그 학생이 날 놓지, 우정을 놓겠어요?" 단아가 사랑과 우정을 동일선상에 놓는 오류는 범했습니다만, 동성애 역시 사람이 사람을 사랑하는 것이라는 점에서 이성애와 똑같다고 인식합니다.

　　동성애에 대한 인식 변화는 드라마에서만 찾아볼 수 있는 것이 아닙니다. 그 반대로 바뀐 사회 인식이 드라마에 스며든 것입니다. 드라마 등 미디어 콘텐츠에 재현된 것들은 일반적으로 사회 통념을 반영할 뿐 아니라 그 가치를 재생산하고 강화합니다.[118] 동성애에 대한 인식 변화는 법조계에서도 나타납니다. 2019년 중앙일보는 헌법재판관의 청문회 답변과 서면답변서를 분석해 동성애에 관한 입장을 기사화했습니다.[119] 이에 따르면 헌법재판관 9명 중 7명이 동성애를 성적 지향으로 존중하는 입장을 취했으며, 제한이 필요하다는 의견은 2명에 불과했습니다. 헌법재판소가 대체로 사회 변화를 쫓아가는 입장에 선다는 것을 감안한다면 이러한 결과는 놀랍습니다. 어쩌면 지금 동성애 비판론은 목소리 큰 소수의 입장일지도 모르겠습니다. 소수가 내는 비판적 목소리가 크고 강하다 보니 우리 스스로가 사회의 분위기를 오해한 것은 아닌지 의심스럽습니다.

30
기본권과
혼인제도

　　동성애를 연애의 한 형태로 받아들인다고 할지라도 동성혼까지 자연스러워진 것은 아닙니다. 연애가 열정이라면 혼인은 생활이며 제도입니다. 이를 반영하듯 동성애와 달리 동성혼을 현행법에서 인정할 수 있다고 한 헌법재판소 재판관은 아홉 명 중 한 명이었습니다.[120]

　　혼인을 규정하고 있는 민법에서 동성혼을 '직접적으로' 금지하는 규정은 없습니다.[121] 동성혼이 금지되는 이유는 행정실무가 민법 조항이 동성혼을 '간접적으로' 금지한다고 해석하는데 있습니다 혼인신고의 심사를 정한 민법 제813조는 "혼인의 신고는 ... '기타 법령'에 위반함이 없는 때에는 이를 수리하여야 한다."라고 규정하고 있는데 행정실무에서는 동성혼이 '기타 법령'을 위반하고 있다고 판단합니다. 혼인에는 합의가 필요하다는 규정(제815조 제1호)을 들어 동성 간에는 혼인의 합의가 있을 수 없다거나, '부부'라는 단어가 들어가는 혼인의 효력(제826조부터 제834조까지)과 이혼(제839조의3, 제840조) 규정을 드는데 동성은 부부가 될 수 없다고 합니다. 부부가 지아비 부(夫)와 며느리 부(婦)의 조어이니 부부가 되려면 남성과 여성이 만나야 한다고 합니다.

행정실무에 대한 평가는 사람마다 달라질 것입니다. 어떠한 평가든 존중받을 만한 것이지만, 존중과 제도 해석의 당부는 결을 달리합니다. 옳은 해석은 무엇일까요? 헌법 조문을 들여다 볼 수밖에 없습니다. 모든 법률과 그에 대한 해석은 헌법에 터 잡아야 하니까요. 헌법재판관 대다수가 동성혼을 현행법에서 인정할 수 없다고 판단한 것 역시 헌법에 기초해 있습니다. 그들 중에서는 동성혼을 인정하기 위해서는 법률 이전에 헌법 개정 작업을 거쳐야 한다고 말하기까지 합니다. 하지만 헌법 조문도 명시적으로 동성혼을 금지하고 있는 것은 아닙니다. 이것 역시 헌법에 대한 해석입니다. 동성혼에 관한 헌법상 논쟁은 마치 창과 방패 같습니다. 현행 헌법상으로도 동성혼이 가능하다는 입장이 날카로운 창이라면 그렇지 않다는 입장이 철벽같은 방패입니다. 이 논쟁을 지켜보자면 마치 검투사의 싸움을 보는 것 같습니다. 지금까지 나온 논의를 확인해 보고자 합니다.[122]

① 헌법상 동성혼을 금지하는 조항은 있는가?

동성혼 찬성론자가 첫 번째 창을 휘두릅니다. 헌법상 동성혼을 금지하는 조항이 없는데, 민법에도 동성혼을 금지하는 조항은 없는데 행정실무가 앞에 들었던 논거로 동성혼 신고를 거부하고 있다는 것입니다. 동성혼은 지금의 법령으로도 허용되어야 한다고 주장합니다.

동성혼 반대론자는 헌법 제36조 제1항을 방패로 들이댑니다. "혼인과 가족생활은 개인의 존엄과 양성의 평등을 기초로 성립되고 유지되어야 하며, 국가는 이를 보장한다." 헌법에는 분명히 혼인은 양성의 평등들 기초로 성립된다고 나와 있습니다. 양성이란 남성과 여성을 말하기에 양성이 존재하지 않는 혼인이란 있을 수 없습니다. 헌법재판소와 법원, 다수의 헌법학자들이 취하고 있는 견해입니다. 1997년에 헌법재판소는 "혼인이 1남 1녀의 정신적·육체적 결합이라는 점에 있어서는 변화가 없다."[123]고 결정했습니다. 성별정정사건에 관한 대법원의 두 가지 판단을 보면 이에 관한 입장이 더 명확해집니다.

첫 번째, 2011년 혼인 관계였던 부부 중 한 명이 성전환을 하여 성별정정을 신청한 사건에서 대법원은 "현재 혼인 중에 있는 성전환자에 대하여 성별정정을 허용할 경우 법이 허용하지 않는 동성혼의 외관을 현출시켜 결과적으로 동성혼을 인정하는 셈"이 된다는 이유로 성별 정정을 불허했습니다.[124] 두 번째, 2022년 자녀와 함께 사는 싱글 남성이 성별정정을 신청한 사건에서 대법원은 미성년 자녀가 있다고 하더라도 성별정정을 허용해야 한다고 판단했습니다.[125]

여기서 물러설 찬성론자가 아닙니다. 방금까지 방패였던 헌법

제36조 제1항을 다시 공격 무기로 활용합니다. 규정 해석을 잘 하자고 합니다. 양성의 평등을 기초로 성립되고 유지된다는 말은 혼인을 이성혼에 한정하겠다는 의미가 아닙니다. 혼인과 가족관계에 있어서 종래의 가부장적이고 봉건적인 질서를 이제 용인하지 않겠다는, 개인의 존엄과 평등한 관계를 강조하는 의미입니다. 건국헌법 제정 당시에 축첩제도와 가부장적 남존여비 사상이 만연했기에 양성평등을 강조하기 위해 이 문구가 들어간 것입니다.

  반대론자는 헌법 해석의 한계라는 방패를 사용합니다. 헌법 제36조 제1항에 대한 역사적 검토에 동의한다고 하더라도 동성혼을 인정하자는 것은 헌법 규정상의 '양성의 평등'을 '성평등'으로 바꿔 읽자는 주장이라고 합니다. 이건 취지의 옳고 그름을 떠나 해석을 통해 헌법을 개정하자는 이야기로 헌법 해석의 한계를 넘어섭니다. 국민만이 헌법을 제정할 수 있다는 국민주권주의에 위반되는 주장입니다. 참고로 2017년 국가인권위원회가 내놓은 개헌안에서는 혼인과 가족생활의 성립요건을 양성평등에서 평등으로 바꾸어 동성혼을 인정하려고 했었습니다.[126]

  ② 혼인은 기본권인가, 제도인가?

  두 번째 라운드가 시작되었습니다. 먼저 찬성론자가 창을 휘두릅니다. 혼인할 권리에 대해 역설합니다. 혼인은 국가가 성립되기 이전부터 사람들이 행하던 계약이다, 종족 유지를 위한 자연적 계약이다, 누구와 혼인해야 할지, 혼인하면 안 될지를 국가가 정할 수는 없다는 것입니다. 헌법재판소 역시 "개인의 인격권·행복추구권은 개인의 자기운명결정권을 그 전제로 하고 있으며 이 자기운명결정권에는 성적(性的)자기결정권 특히 혼인의 자유와 혼인에 있어서 상대방을 결정할 수 있는 자유가 포함되어 있다."[127]고 결정한 바 있습니다.

반대론자가 방어합니다. 혼인의 자유라는 기본권을 인정할지라도 혼인은 국가의 제도라는 것입니다. 기본권이라는 것만으로 제도를 변경할 수 있는 힘을 가지는 것은 아닙니다. 인천지방법원이 풀어내는 바와 같이 "우리 사회의 혼인 및 가족 관념에 의하면 혼인이라 함은 일부일처제를 전제로 하는 남녀의 정신적·육체적 결합을 의미한다."[128]고 합니다.

찬성론자는 행복할 권리를 끌어들여 다시 반박합니다. 헌법 제10조에 나온 것처럼 모든 국민에게는 행복을 추구할 권리가 있다는 것입니다.[129] 가장 큰 행복 중 하나는 내가 사랑하는 사람과 혼인하여 살 권리입니다. 제도라는 이유로 동성혼을 금지하는 것은 행복추구권을 박탈하는 것입니다. 또 헌법 제10조에는 성적 자기 결정권이 포함되어 있는데 동성혼을 금지하는 것은 이것을 침해한다고 말합니다. 성적 자기 결정권에 관해서 찬성론자의 말이 계속됩니다. 젠더는 생물학적으로 정해지지 않는다는 것입니다. 대법원 역시 2006년에 비슷한 말을 합니다. "종래에는 사람의 성을 성염색체와 이에 따른 생식기·성기 등 생물학적인 요소에 따라 결정하여 왔다. 그러나 근래에 와서는 생물학적 요소뿐 아니라 개인이 스스로 인식하는 남성 또는 여성으로의 귀속감 및 개인이 남성 또는 여성으로서 적합하다고 사회적으로 승인된 행동·태도·성격적 특징 등의 성역할을 수행하는 측면, 즉 정신적·사회적 요소들 역시 사람의 성을 결정하는 요소 중의 하나로 인정받게 되었다.”[130] 찬성론자는 자신의 성 정체성은 물론, 자신의 파트너가 될 성을 선택하는 문제는 성적자기결정권에 속한 사항이라고 주장합니다.

반대론자가 다시 반론합니다. 그는 우선 개개인이 가지는 행복추구권, 성적자기결정권을 존중하며 인정한다는 전제를 깝니다. 하지만 혼인은 제도라는 점을 다시 강조합니다. 행복추구권과 성적자기결정권에 동성 간의 결합을 법적 의미의 혼인으로 인정받을 권리까지 포함된다고 볼 수 없습니다. 국가법적으로 인정받을 권리는 무제한 인정되는 것이 아닙니다. 공동체의 가치 보존과 타인의 존엄이라는 목적에서 제한이 가능합니다. 동성혼을 인정할 수는 없습니다.

발언 기회는 다시 찬성론자에게 넘어옵니다. 이번에는 헌법이 규정하는 평등의 원칙을 논거로 가져옵니다.[131] 평등의 관점에서 소수의 성적 지향이 차별받아서는 안 된다는 주장입니다. 찬성론자는 최근에 나온 판결 하나를 제시합니다. 동성 결합 상대방에게도 국민건강보험이 피부양자 자격을 인정하라는 2023년 서울고등법원의 판결입니다. 이 판결에서 법원은 이성 커플(사실혼 배우자)에게는 피부양자 자격을 인정하는 것과 달리 동성 커플에 대해서는 이를 인정하지 않는 것은 본질적으로 동일한 집단에 대하여 성적 지향을 이유로 한 차별에 해당한다고 말했습니다. 법원은 그 근거로 동성 결합도 이성 결합과 마찬가지로 동거·부양·협조·정조의무에 대한 의사의 합치 및 밀접한 정서적·경제적 생활공동체 관계라는 점을 들었습니다.[132]

이에 대해 반대론자의 이야기를 들어봅시다. 평등 원칙을 이유로 혼인 제도를 풀어버린다면 사회질서에 큰 혼란을 가져올 것이라고 합니다. 동성혼뿐 아니라 일부다처혼, 일처다부혼을 합법화하자는 의견도 나올 수 있다고 말입니다. 뜬금없는 이야기가 아닙니다. 실제로 2021년 남아프리카공화국은 일처다부제를 합법화하는 정책 제안을 내놓은 바 있습니다. 동성혼과 일부다처제가 허용되는 상황이기에 평등 원칙에 입각한다면 일처다부제 역시 합법화되어야 한다는 것입니다.[133] 이에 더해 반대론자는 찬성론자가 서울고등판결에 대해 오독을 저질렀다고 지적합니다. 법원에서도 동성 커플을 사실혼 배우자로 인정할 수는 없다고 하였습니다. 사실혼은 이성 간에만 인정될 수 있으니까요. 다만 직장에 다니는 사람과 함께 사는 동성 커플은 사실혼 배우자와 성별만 다를 뿐 본질적으로 같은 그룹이라고 본 것입니다. 사실혼 배우자와 다르게 동성 커플에게 피부양자 자격을 인정하지 않는다면 평등에 위반된다고 한 것입니다. 이 판결을 동성혼이 허용될 수 있다는 신호로 보면 안 됩니다.

찬성론자는 헌법이 보호하는 사생활의 자유로도 공격합니다.[134] 헌법은 다른 사람에게 해를 끼치지 않으면서 자신이 원하는 사생활을 누릴 권리를 보장합니다. 혼인이야말로 가장 사적인 영역입니다. 이에 동성혼 역시 사생활의 자유의 영역이므로 보호되어야 합니다.

반대론자의 반박은 다시 제도론에 기초합니다. 동성혼을 인정하지 않는다고 하여 사생활의 자유를 침해한다고 볼 수는 없다고 합니다. 동성혼을 처벌하는 규정이 없기에 혼인신고를 하지 않은 채 살아갈 수도 있습니다. 동성혼에 대해서는 국가가 인정하지 않기에 세제의 감면이나 주택의 공급 등과 같이 국가로부터 특별한 혜택을 받을 수 없을 뿐입니다. 동성혼에 대한 불허는 사생활을 침해하는 문제가 아닙니다. 그들이 선택한 결과에 불과합니다.

여기까지가 동성혼에 관한 헌법적 논쟁입니다.[135] 치열하고 팽팽하지만 요약하자면 간단합니다. 동성혼 문제를 혼인의 자유라는 기본권에 중점을 두어 해석할 것이냐, 혼인이라는 제도에 중점을 두어 해석할 것이냐의 싸움입니다. 양성의 평등을 기초로 혼인이 성립된다는 헌법상 표현을 양성이 결합해야 혼인이 가능하다고 해석하는 것 역시 혼인을 우선적으로 제도로 보기 때문입니다.

하지만 혼인은 제도 이전에 생활입니다. 국가에 앞서 사람이 있고 생활이 있습니다. 기본권과 제도가 충돌했을 경우에 항상 기본권이 우선되어야 한다는 이야기가 아닙니다. 더 많은 이의, 더 중요한 기본권을 지키기 위해 제도가 우선시되어야 하는 경우도 있습니다. 쉬운 예로 살인을 죄로 규정하고 단죄하는 형사제도를 들 수 있습니다. 모든 국가 제도는 민주주의적 관점에서 검토할 필요가 있습니다. 동성혼의 허용 역시 민주주의적 시선으로 바라보아야 합니다. 이것을 허용했을 때, 혹은 금지됐을 때 각각 누구의 기본권이 침해될 것인가? 그 침해되는 기본권의 성질과 크기는 어떠한가? 이것을 살펴보아야 합니다.

반대론자가 논거로 든 것과 같이 동성혼을 처벌하는 규정은 없습니다. 이것은 다시 말해 이웃이 동성혼을 맺는다고 하여 내 기본권이 침해될 일은 없다는 말입니다. 만일 내가 동성혼 반대론자라면 그 사실에 기분이 나빠질 수는 있습니다. 하지만 그것으로 내 기본권이 침해될 일은 없습니다.

　그에 반해 동성혼 금지는 찬반 논쟁에서 언급한 바와 같이 성소수자가 가지는 기본권을 침해합니다. 반대론자는 '단지 신고만' 못할 뿐이라고 반박합니다만, '단지 신고만'을 금지할 필요는 없습니다. 우리나라에서 혼인의 신고 여부는 하나의 신분입니다. 높고 낮음을 떠나 사회적 인정으로 작용하기도 합니다. 동성혼 금지는 성소수자에게 자신이 가지는 성적 지향을 포기하고 신분과 인정을 획득할 것이냐, 혹은 성적 지향을 유지하는 대신 다른 것들을 포기할 것이냐 선택을 강요합니다. 성소수자로 하여금 그가 가진 성적 지향을 나의 것이라고 밝히기 어렵도록 합니다.

　민주주의적 시선에 입각할 때 답은 간명합니다. 동성혼이 인정될 때 보장되는 개인의 권리가 그 반대의 경우보다 매우 큽니다. 동성혼이 금지될 때 침해되는 개인의 권리가 그 반대의 경우보다 훨씬 큽니다. 동성혼을 금지하는 제도는 결코 민주적이지 않습니다. 헌법재판소가 내린 호주제에 관한 헌법불합치결정 중 일부를 다시 읽어보는 것으로 마무리합니다.

> "혼인과 가족생활은 인간 생활의 가장 본원적이고 사적(私的)인 영역이다. 이러한 영역에서 개인의 존엄을 보장하라는 것은 혼인·가족생활에 있어서 개인이 독립적 인격체로서 존중되어야 하고, 혼인과 가족생활을 어떻게 꾸려나갈 것인지에 관한 개인과 가족의 자율적 결정권을 존중하라는 의미이다."[136]

31

엄마 미소는
왜 없을까?

작은 애는 제 엄마를 졸졸 쫓아다닙니다. 어찌된 게 키가 딱 엄마 중간일까? 애 얼굴이 엄마의 엉덩이에 붙었습니다. 밥솥으로, 인덕션으로, 식기세척기로…. 엄마가 걸음을 종종대며 옮길 동안, 작은 애의 발 또한 방향을 열심히 옮겨댑니다. "계속 그러면 엄마가 방구 뀐다?" 엄마의 의도는 영 반대였겠지만, 아이에게 그 말은 더 달싹 붙으라는 말입니다. 까르르. 그러다 쿵. 으아앙~ 역시나입니다. 씽크대 모서리에 부딪혔습니다. 이런 광경의 끝은 언제나 울음입니다. 엄마가 아이의 얼굴을 손으로 감쌉니다. "그러니까! 엄마가 다친다고 했지?" 말은 호통인데, 말투와 몸짓은 어르달램입니다.

　　이 광경을 적당한 거리에서 지켜보던 제 입가는 올라갑니다. 바로 아빠 미소입니다. 울음이든, 생떼든 그저 내 딸이기에 웃음이 나는 것. 신이 있다면 아빠 미소를 닮지 않았을까요? 스스로를 알아차리며 흐뭇해집니다. 하지만 잠시였습니다. 궁금증이 일었습니다. 왜 '엄마 미소'라는 말은 없을까? 이 질문을 하지 말았어야 했습니다. 이내 반성이 일었습니다.

　　잊고 있었던 것이 있었습니다. 미소는 넉넉함과 여유를 필요로 한다는 것. 여유가 없는 상황에서는 미소가 나올 리 없다는 것. 폭소와는 다르게 미소에는 여유가 필요합니다. 다른 이와 떨어져서 혼자 무엇인가를 되새김질할만한, 그것이 꼭 이성적일 필요는 없을지라도 음미할만 한 시간적 여유가 필요합니다.

　　시간뿐일까요? 공간으로도 말할 수 있습니다. 그 감촉 언저리에 닿을만한 여유 공간. 정확히 말하자면 닿기만 할, 팔을 뻗어 꼭 안겠다는 주체적이고 능동적인 결단을 하지 않는 한 그저 대상과 닿기만 할 물리적 거리가 필요합니다. 다시 질문으로 돌아갑니다. 왜 '엄마 미소'는 없을까요? 아내에게는 적당한 거리가 주어지지 않았습니다. 항상 딸아이와 부대낍니다. 아이의 행동 하나하나를 음미하고 되새길만한 여유가 충분하지 않았습니다. 가끔은 있었을 겁니다, 가끔. 하지만 말 그대로 가끔일 뿐입니다.

　　폭소스러운 남자들이 여자들의 미소에 반해 결혼을 합니다. 둘 사이에 태어난 딸아이로 미소를 짓고 있는 이들은 대부분 그 남자들입니다. 많은 수의 여자들이 미소를 잃고 폭소를 떠안습니다. 미소에 반해 미소를 얻은 그들과 미소를 잃은 채 폭소를 얻은 그녀들. 미소와 폭소의 불균형만큼이나 가족 내 양육은 어그러져 있습니다.

32

엄마되기와
모순

광고는 자본주의의 꽃이라 불리기도, 상업주의를 극대화한다고 평가되기도 합니다만, 사람들로 하여금 지금의 현실을 간파하고 마음을 돌리게 만들기도 합니다. 예를 들어 2015년에 나온 혜리의 알바몬 광고는 그 어떤 근로감독보다, 그 어떤 캠페인보다 강력했습니다. 단 15초를 통해 온 국민에게 최저시급은 반드시 지켜야 하는 것이라는 인식을 심어줬습니다. 가히 15초의 예술이라고 표현할만합니다. 엄마의 역할과 관련하여 인상 깊은 광고도 있습니다. 바로 2018년의 박카스 광고입니다.

"태어나서 가장 많이 참고 일하며 배우고 해내고 있는데 엄마
라는 경력은 왜 스펙 한 줄 되지 않는 걸까?"

광고에 나오는 이 내레이션 한 줄이 엄마라는 역할의 모든 것
을 설명합니다. "태어나서 가장 많이 참고 일하며 배우고 해내고 있
는데"라는 앞부분은 엄마가 하는 노동의 고됨을, "엄마라는 경력은
왜 스펙 한 줄 되지 않는 걸까?"라는 뒷부분은 그 고됨을 전혀 인정
하지 않는 사회 분위기를 지적합니다. 셀 수 없이 많은 논문들이 지
적해 오던 것을 이 광고는 짧은 순간에 표현하고 사람들의 공감을 이
끌어 냈습니다.

다행일까요? 이제는 많은 사람들이 엄마의 고됨, 엄마가 된 여
성들이 포기하고 있는 것들에 대해 알고 있습니다. 심지어 아직 아이
를 낳아 길러보지 않은 사람들도, 여성이 아니라 남성도 이것을 인식
하고 있습니다. 황옥경은 미혼 대학(원)생을 대상으로 엄마가 된다는
것이 무엇인가에 대한 조사를 한 후, '엄마 됨'에 대한 인식 유형을 다
음 네 가지로 도출했습니다.[137] 간략히 소개하자면 아래와 같습니다.

① 가치부여형 : 모성의 신비에 감탄하고 엄마 됨에 대해 긍정
적이고 이상적으로 인식하는 유형. 단 자녀를 성취의 대상으로 보아
자녀에 대한 과도한 기대와 요구로 이어질 가능성이 있음.
② 개인책임의식형 : 엄마 됨에 대해 긍정적으로 인식하면서
도 그 책임에 초점을 맞추는 유형. 정서적, 경제적으로 좋은 어머니
가 되어야 한다는 부담감을 가지고 있어, '슈퍼맘'이 되어야 한다는

생각을 가지기도 함.

　③ 양가감정형 : 엄마 됨이 개인적 희생임과 동시에 고귀한 일이라고 인식하는 유형. 엄마 되기를 원하면서도 엄마가 되면 잘 해낼 수 있을까? 라는 불안감을 가지고 있음.

　④ 선택철회형 : 엄마 됨을 개인이 가질 수 있는 선택지의 하나로 인식하는 유형. 엄마 됨은 상실과 희생이므로, 개인적으로 아이를 가져야 한다는 합리적 이유가 없는 한 엄마가 된다는 것에 회의적임.

유형에 따라 엄마 됨을 어떻게 인식하느냐에 차이가 나긴 하지만, 어떤 유형이든 엄마가 해야 할 일들이 많다는 데는 동의하고 있습니다. 이 중 가치부여형이 가장 긍정적이고 이상적인 인식을 가지고 있습니다만, 그들 역시 엄마가 편한 것이라고 생각하지는 않습니다. 만일 그렇다면 가치부여형의 미혼자는 실제 엄마가 된 후 좌절에 빠지게 됩니다. 아만다 루제리의 칼럼에 등장하는 인터뷰 대상자가 그러합니다.

　"소위 '교과서에 나오는 아기'처럼 행동하는 아기는 없다. 그
　렇지만 나는 모든 아기들이 이렇게 행동한다고 믿었다. 현실
　은 아니었다. 이에 나는 화가 났다."

아만다 루제리는 칼럼에서 모성의 양가성을 이야기합니다.[138] 모성의 양가성이란 엄마 된 이가 엄마라는 역할에 대해 종종 가지게 되는 복잡하고도 모순된 감정입니다. 아이는 예쁜데 엄마라는 역할

이 힘들다는 것입니다. 사회 분위기는 엄마를 더 힘들게 합니다. 엄마라는 역할은 매우 소중하고 기쁜 일이어야 한다는, 그래서 엄마라는 역할을 별로 좋아하지 않는다고 말하지도 못하게 만드는 사회 분위기 말입니다. 그리고 이것의 중심에는 모성 담론이 놓여 있습니다.

33

인턴 없는
종합노동자

엄마는 매우 고됩니다. BBC 칼럼니스트 아만다 루제리의 말처럼 엄마가 된다는 건 시간이 오래 걸리고, 노동 집약적이며, 감정적인 일이기 때문입니다.[139] 그의 서술은 엄마 하기가 왜 어려운지를 천천히 들여다보게 합니다.

아이는 한순간에 태어나지만, 엄마의 능력은 그렇지 못합니다. 엄마라는 역할에 있어 인턴 기간이란 없습니다. 임신기간 동안 아무리 육아 책을 많이 읽고 세미나를 자주 참석했다고 해도 그건 업무 현장에서 받는 OJT(On-the-Job-Training)가 아닙니다. 굳이 따지자면 입사 전에 하는 취업 준비입니다.

엄마가 직원과 다른 점은 OJT가 없어서 뿐만이 아닙니다. 회사는 신입사원에게 처음부터 힘들고 어려운 업무를 맡기지 않습니다. 그저 복사를 시키는 등 선배 사원들의 업무를 옆에서 돕도록 합니다. 이 과정을 통해 일을 익히게 만들고 능력을 키웁니다. 일터에서의 업무는 쉬운 것부터 시작해서 시간이 지남에 따라 난도가 올라갑니다.

그에 반해 엄마라는 역할은 아기가 태어나자마자 경험해보지 못한 일, 난도가 높은 일을 맞닥뜨리게 됩니다. 아기에게 젖을 물려야 하고 똥 기저귀를 갈아야 합니다. 울음소리 하나만으로 아이가 무엇을 필요로 하는지 알아채고 움직여야 합니다. 아주 오래전 광고 카피로 유행했던 '미인은 잠꾸러기'라는 말은 이제 다른 세상 이야기입니다. 늦잠은커녕 네 시간을 깨지 않고 잠드는 것도 불가능에 가깝습니다. '백일의 기적'이라는 말이 있지만 백일이 지난다고 해서 엄마가 편해지는 건 아닙니다. 아이가 기어 다니기 시작하면 집안 바닥의 모든 장애물을 치워 놓아야 합니다. 그렇게 해도 안심이 되지 않습니다. 아이는 엄마가 눈에 보이지 않으면 울기 시작합니다. 용변을 볼 때도 화장실 문을 닫아놓지 못합니다. 엄마는 언제나 아이의 눈에 보여야 합니다. 엄마의 일은 아이가 커가면서 계속 바뀝니다. 아이가 새로운 경험을 하는 것처럼 엄마도 처음의 경험을 계속해나갑니다. 오죽하면 '엄마도 엄마가 처음이야'라는 제목의 책이 세 권이나 있을까요. 달랑 세 권이 아닙니다. 유사한 제목까지 포함하자면 세기 힘들 정도입니다.

엄마가 하는 일은 실로 노동집약적일 뿐 아니라 교육적이며 감정적이기도 합니다. 수유 혹은 분유 먹이는 일이 마무리될 때면 이유식을 만들기 시작합니다. 아이들이 이유식을 가리지 않고 다 잘 먹는 것이 아닙니다. 엄마는 여러 번의 시도 끝에 아이가 좋아하는 이유식을 만나게 됩니다. 아이가 손에 잡고 먹을 수 있도록 스틱 형태로 만들기도 합니다. 엄마는 이 시기에 세계 최고의 요리 연구가로 변합니다.

엄마는 선생님이기도 합니다. 아이가 누워있을 때부터 천장에 모빌을 달아주고, 대답도 못 하는 아이에게 말을 건네고, 책을 읽어 줍니다. 아이의 몸이 자유로워지면 화장실 훈련도 시킵니다. 방안에 놓인 변기에 아이가 똥을 누면 엄마는 호들갑을 떨며 축하 팡파레를 울립니다. 똥이 투하된 변기도 불빛을 반짝이며 경쾌한 멜로디를 뿜어냅니다. 아이가 조금 더 크면 학습도 책임져야 합니다. 숫자와 기본적인 연산, 글자를 익히도록 하는 것은 대개 엄마 몫입니다. 학습뿐 아닙니다. 어른께 인사하기, 차례 지키기, 다른 사람을 배려하기, 모든 일에 정직하고 자신의 행동에 책임지기. 이렇게 아이가 사회 구성원으로 살아가기 위한 거의 모든 것들을 엄마에게서 배웁니다.

엄마에게 있어 육아는 종합노동입니다. 아이를 잘 키워야 하지만, 그것이 결코 쉽지 않습니다. 아이가 성장하는 동안 엄마의 체력은 조금씩 고갈됩니다. 아이의 정서가 풍요로워지는 동안 엄마의 외로움은 깊어갑니다.

34

모성애와
모성 교육

　　엄마의 역할을 가중시키는 것이 모성 담론이지만 그 뜻부터 쉽지 않습니다. '모성'과 '담론'을 풀어서 생각합시다. '모성'이라는 단어에 대해서는 우리가 잘 알고 있습니다. '임신, 출산, 양육과 관련된 여성의 어머니로서의 자질과 경험'이라는 백과사전식 정의를 굳이 떠올리지 않아도 됩니다. 직관적으로 이해할 수 있습니다. 하지만 '담론'이라는 개념은 다릅니다. 한자어만으로 풀이하자면야 말씀 담(談)에 논할 론(論)이지만, 서로 이야기하는 것을 대화한다 혹은 논의한다, 토론한다고 하지 담론한다고 하지는 않습니다. 담론이라는 말이 자주 사용되는 분야는 학계인데, 학계라고 할지라도 어떤 전공이냐에 따라 그 용례가 달라집니다. 그렇게 보면 의도치 않게 은어가 되어버린 단어가 '담론'입니다. 그럼에도 불구하고 '담론'에서 놓치지 않는 개념 두 가지가 있습니다. 바로 언어와 사회입니다. 어떠한 관념이 표출되는 수단은 언어일 수밖에 없으며 사람들은 언어의 교환을 통해 사회를 움직입니다. 그 반대의 방향도 가능합니다. 사회가 언어를 창출함으로써 관념을 구성하고 이 관념을 통해 사람들을 움직이고 통제합니다. 담론은 언어를 통한 개인과 사회의 상호작용이라고 할 수 있습니다.

　　이러한 생각이 프랑스의 철학자 미셸 푸코(Michel Foucault, 1926-1984)의 이론입니다. 미셸 푸코는 담론을 지식과 권력이 상호작용하는 과정으로 보았습니다. 사회가 언어를 만들어 냄에 있어 그 구체적 주체는 권력자일 수밖에 없기에 담론을 언어, 곧 지식과 권력의 상호작용으로 이해하는 것입니다. 예를 들어 의학 담론은 단순히 질병을 진단하고 치료하는 지식의 체계를 넘어서 권력을 행사하는 수단이 됩니다. 무엇이 질병인지를 규정함으로써 사람의 정상성 여부를 판단하게 됩니다. 실제로 초기 미국에서 의학적 견해는 노예제와 인종주의의 정당성을 뒷받침하는 근거였습니다.[140] 의사였던 새뮤얼 카트라이트는 1848년 출간된 그의 책에서 이런 말을 합니다. "흑인들은 신체적·정신적 결함으로 인해 백인이 감독하지 않으면 살아남을 수 없다." 지금은 어처구니없지만, 당시에는 개별적이거나 극단적인 견해가 아니었습니다. 미국의 대통령이었던, 독립선언문을 기초하기까지 했던 토머스 제퍼슨 또한 노예들이 백인들에 비해 이성적으로 열등하다는 메모를 남겼습니다. 그 당시의 의학적 담론은 노예된 존재들은 어느 누구보다 돌봄이 필요하며 노예제는 그들에게 제일 필요하고 친절한 제도라는 인종차별적 결론을 도출해냈습니다.

결국 모성 담론을 논하겠다는 이야기는 모성이라는 단어가 개인보다는 사회가 일종의 질서를 확립하기 위해 구성된 것은 아닌지 의문을 제기하겠다는 것입니다. 이것은 곧 모성에 대한 사전적 정의에 대해 의구심을 갖겠다는 이야기입니다. 실제로 '모성'과는 달리 '부성'에 관해서는 사전에서 크게 논하지 않고 있습니다. 찾아본다면 '남성이 가지고 있는 부친으로서의 특성' 정도입니다. 어쩌면 '담론'이란 용어를 붙여서 이야기를 꺼내는 것이 '모성'이라는 용어에 대한 삐딱한 시선을 내포합니다. 미셸 푸코의 견해에 입각한다면 담론엔 권력의 개입이 전제되어 있으니까요.

그렇다면 '모성'이라는 개념은 언제부터 강조된 것일까요? 어머니가 태초에 있었기에 모성 또한 고대로부터 강조된 것이라 착각하기 쉽습니다. 물론 자식에 대한 어머니의 사랑은 세계의 생성으로부터 시작되었겠죠. 만일 그렇지 않다면 인류가 지금까지 지속될 수 없었을 것입니다. 그럼에도 불구하고 '모성'이 강조된 역사는 프랑스혁명 이후부터였습니다.[141] 그 이전에는 아이를 위한 어머니의 역할 자체가 논의될 사회적 필요성이 없었습니다. 중세까지 어린아이는 결코 사회적으로 중요한 관심대상이 아니었거든요.[142]

프랑스혁명에서 성공한 부르주아 계급은 노동자 가족을 부르주아적으로 만드는 데 집중하게 됩니다. 이를 위해 강조된 것이 19세기 초반의 가족 이데올로기입니다. 그냥 가족이 아니라 자녀가 있는 가족이 올바르다는, 이러한 가족이 사회의 기초단위가 된다는 관념입니다. 이 속에서 전통적 탁아제도인 '농촌유모제도'에도 비판이 가해집니다. 어머니가 모유를 먹이며 아이를 키우는 것이 자연스럽다는 주장도 이때 생깁니다.

그 시기에 프랑스 사회가 모성을 강조한 또 한 가지 이유는 인구의 중요성을 재발견했기 때문이었습니다. 인구가 국력과 국부의 원천이라는 것을 인식했습니다. 인구를 늘리기 위해서는 영유아 사망률을 줄여야 했습니다. 이를 위해 위생적인 탁아 방식이 필요했습니다. 이때 탄생한 것이 농촌유모제도나 '가정 탁아소'와 같은 전통적 탁아제도를 대체하고자 한 '근대적 탁아소'였습니다. 근대적 탁아소에 아이를 맡기기 위해서는 이유기로 접어들 때까지 적어도 하루에 두 번은 탁아소에 올 것을 약속해야 했습니다. 모유 수유를 위해서 말입니다. 근대적 탁아소의 운영자들은 모유 수유가 서민 계급을 도덕적으로 만들 수단일 뿐만 아니라 가족관계를 강화시킬 것이라고 주장했습니다.

근대적 탁아소는 어머니들을 대상으로 모성 교육을 실시하기도 했습니다. 교육의 목적은 두 가지였습니다. 하나는 어머니로 하여금 자녀를 사랑하는 법을 재발견하도록 하는 것이었으며, 다른 하나는 빈민 어머니들의 생활 태도를 부르주아 어머니들처럼 도덕적으로 바꾼다는 것이었습니다. 여기서 도덕적이라는 것은 질서와 청결, 절약과 깊은 신앙심 등이 포함됩니다. 탁아소는 이를 위해 어머니에게 부르주아 가정의 어머니가 아이를 돌볼 때 활용하는 양육 방식을 십계명과 같은 형태로 만들어 권고했습니다. 많은 목록 중에 두 가지만 옮긴다면 아래와 같습니다.

> "아기가 건강하고 올바르게 자라도록 도와주십시오. 교육은 요람에서 시작합니다. 어머니에게 있어서 자식은 잘 키웠느냐 못 키웠느냐에 따라서 행복의 원천일 수도 있고 불행의 원천일 수도 있으니까요."
> "아기를 보다 더 잘 먹이고 보다 더 잘 키우기 위해서 검소하고 현명해지십시오."

35

헌신과
죄책감

    어머니는 독립적 존재가 아닙니다. 자녀가 있어야 어머니가 될 수 있습니다. 자녀를 낳거나 입양하는 것은 어머니의 몫이지만, 자녀가 없이는 어머니라는 이름을 가질 수 없습니다. 어머니는 완벽하게 자녀를 전제로 한 개념입니다. 그렇기에 대다수의 어머니들은 자녀를 위해 삽니다. 자녀가 삶의 1순위입니다. 이것은 강요가 아닌 선택입니다. 하지만 이 선택은 독자적일 수 없습니다. 우리 사회가 규정한 어머니상, 모성 담론이 어머니의 선택과 행동에 영향을 미칩니다. 물론 모든 인간은 그를 둘러싼 사회의 의식과 분위기, 그리고

유·무형의 질서에 영향을 받습니다. 어머니의 선택이 독자적이지 못하다는 것은 문제가 되지 않습니다. 그 선택에 영향을 주는 모성 담론의 내용이 문제입니다.

모성 담론에서 제일 먼저 문제되는 것은 어머니를 자신이 아닌 자녀를 위한 존재로 규정하는 데 있습니다. '나는 누군가를 위해서만 살 거야.'라는 다짐과 '너는 누군가를 위해서만 살아야 해.'라는 규범은 천지차이입니다. 모성 담론은 사회가 집단적으로 만들어 낸 무형적 규범으로 개인에게 다짐을 강요합니다.

게다가 모성 담론에서의 '모성'은 어머니의 사랑과 같이 추상적이고 아름답기만 한 개념이 아닙니다. 김택호의 분석에 따르면 '모성'은 단 하나의 성질이나 개념이 아닙니다.[143] 세 가지가 섞여 있습니다. 첫째는 육아, 교육, 가사노동에 대한 성실성이며 둘째는 자녀에게 포용적이되 엄격한 성격입니다. 그리고 셋째는 헌신과 희생이라는 삶의 태도입니다. 이와 같은 '모성'은 바람직한지 여부를 떠나 우리에게 궁금증을 자아냅니다. '과연 이게 사람이 할 수 있는 것인가?', '모성이란 것이 사람에게 요구할 수 있는 자질인가?' 그러하기에 모성 담론에서 어머니는 구원의 여인상으로 인식됩니다. 찬미의 대상인 것이죠. 하지만 그 반대로 표현되기도 합니다. 괴물의 이미지죠. 헌신의 이면에는 집착이 존재할 테니까요.[144]

모성 담론에서는 어머니에 관한 이러한 이미지가 당위를 넘어 본성으로까지 인식됩니다. 이에는 스위스의 정신과 의사인 칼 융(Carl Gustav Jung)의 영향이 큽니다. 융은 그의 전체 생애에 걸쳐 원형(Archetype) 개념을 발전시켰습니다. 원형이란 인간의 집단 무의식 속에 존재하는 공통된 상징 또는 이미지입니다. 집단 무의식 속에 존재하는 것이기에 인간이라면 누구나 태어날 때부터 보편적으로 지니게 됩니다. 융이 제시하는 모성 원형은 기본적으로 생명을 주고, 돌보며 보호하는 존재입니다. 자비로운 존재로 표현됩니다. 이 차원에서 모성은 한없이 긍정적일 수밖에 없습니다. 하지만 아무리 좋은 것도 지나치면 독이 됩니다. 보호가 지나치면 소유욕으로 발전하고 자녀의 성장은 지체됩니다. 이러한 면에서 어머니는 자녀를 억압하고 파괴하는 존재가 될 수 있습니다. 모성 원형의 부정적 측면입니다.

　　모성 원형이 긍정적이든 부정적이든 어머니가 그녀 자신으로서가 아니라 자녀를 위한 존재로 역할을 다하는 것은 동일합니다. 그녀의 인생이건만 그녀는 사라집니다. 이러한 현상은 아기가 태어난 후 시작되는 것이 아닙니다. 출산 전부터, 임신테스트기에 두 줄이 그어졌을 때부터 시작됩니다. 몸에 좋은 음식을 챙겨 먹을 뿐 아니라 즐기던 기호식품을 끊기도 합니다. 하루 한 잔 정도의 커피는 괜찮다는 이야기를 의사로부터 전해 듣는다고 해도 안심이 안 됩니다. 혹시나 하는 불안감에 카페인을 끊기까지 합니다. 모성 담론이 임산부 몸에 대한 통제로까지 확대된 것입니다.[145] 혹여라도 아기가 장애를 가지고 태어나면 어머니는 죄책감과 부채감에 시달리게 됩니다. 비합리적 사고임을 알면서도 임신 중 자신이 무언가 죄를 지은 것이 아닐까, 잘못한 것이 있었을까 되돌아보고 자책하게 됩니다. 죄책감에 시달리지 않는다고 해도 장애 자녀의 돌봄은 거의 어머니의 몫이 됩니다. 모성 담론에서 어머니는 희생과 돌봄의 상징이기 때문입니다.

　　장애 자녀에 대한 헌신이 세상의 찬사를 받기도 합니다. 장애를 극복하고 무언가를 이루었다는 장애인 성공 신화가 미디어를 통해 창출되는 경우입니다. 예를 들면 인기를 누리던 여성 가수가 일을 접고 장애 자녀의 뒷바라지에 전념하여 자녀를 미국 대학교수로 성장시킨 경험 등입니다. 어머니로서 이보다 더 큰 행복은 없을 겁니다. 매우 뿌듯할 뿐 아니라 감격스런 일이 아닐 수 없습니다. 그녀의 희생은 매우 존경 받을만 합니다. 당연합니다. 자녀가 장애를 극복한 것, 이것은 어머니가 일생을 헌신한 것에 대한 보상 같습니다. 이것이 모성 담론에서의 이해입니다. 하지만 그녀의 헌신이 매우 존귀하고 찬사 받을 일임과는 별개로 점검할 것이 있습니다. 모성 담론이 장애 자녀를 둔 어머니의 다른 선택지들을 삭제해버린 것은 아닌지, 굳이 다른 길을 택했을 때 그녀를 죄책감에 시달리게 만드는 것은 아닌지 말입니다.

36

모성 담론의 실체

　　전통적 모성 담론의 첫 번째 문제점이 헌신과 희생이라는 이름으로 어머니의 삶에서 어머니 자신을 소거시킨 것이라면, 두 번째 문제점은 이러한 상징을 여성의 본성 및 역할로까지 전이시켰다는 데 있습니다. 여성의 역할이 모성의 가치를 유지하는 것으로 한정됨에 따라 돌봄 혹은 보살핌은 여성의 본성이 됩니다. 양성 체제에서 경제적 생활을 유지하는 것은 남성의 일이 됩니다. 여성은 경제적 수입을 남성에게 의존할 수밖에 없게 됩니다. 이러한 측면에서 모성 담론은 여성 억압의 중요한 축으로 작용하게 됩니다.[146]

모성 담론에서 모성은 어머니만이 '가질 수 있는' 아름답고 존귀한 품성임과 동시에 어머니가 '가져야 하는' 당연한 자질입니다. 이러한 어머니의 존재는 인류 공동체의 유지에 없어서는 안 될 존재이기도 합니다. 어머니는 단 한 명이어서는 안 됩니다. 가족마다 이 이상적인 존재가 들어가 있어야 합니다. 하지만 누구나 어머니가 될 수 있는 것이 아닙니다. 어머니가 될 수 있는 성은 오로지 여성으로 한정됩니다. 인류의 존속을 위해 사회는 이런 어머니상을 강제했어야 하며 모든 여성을 이상적인 어머니로 만들어야 했습니다. 이에 따라 모성은 여성 간 우열을 가리는 중요한 기준이 됩니다.[147] 사회는 '올바른 모성'의 수행을 기준으로 삼아 여성을 평가하게 됩니다. 19세기 말 여성해방운동의 초점이 여성성과 모성성의 분리에 맞춰진 것은 이러한 이유였습니다.

이것은 먼 옛날이야기가 아닙니다. 60·70년대에도 여성은 독립된 개인이 아닌 어머니 혹은 딸에 불과했습니다. 그 당시 여성정책은 '부녀윤리'의 확산에 중심을 둔 부녀정책이었습니다. 농촌을 떠나 경제활동을 하는 여성에게는 '공순이' 또는 '직업여성'이라는 이름이 붙었습니다. 전통적 어머니상이 확고하던 그 시대에 이러한 호칭은 오명(stigma)이었습니다.[148]

그래도 지금은 바뀌지 않았냐고 할 수도 있습니다. 성별에 따른 교육 수준도 없어졌을 뿐만 아니라 맞벌이 역시 자연스러워진, 오히려 당연히 해야 하는 것으로 여기는 시대가 되었으니까요. 돌봄으로 상징되는 가사노동 역시 성별 분담이 이루어지고 있지 않냐고 반문할 수도 있습니다. 이 반문이 틀린 것은 아닙니다. 적지 않은 부부들이 양쪽 모두 경제적 활동을 하고 있으며 평등하게 육아를 포함한 가사노동을 분담하고 있습니다. 사회 분위기 또한 그러한 방향으로 옮겨 가는 중입니다.

하지만 많은 부부는 아직도 외벌이를 택하고 있으며 그 대부분은 전통적 성역할에 충실합니다. 남성은 수입노동, 여성은 가사노동이라는 전통적 모성 담론의 구도입니다. 이럴 수밖에 없는 중요한 이유 중 하나는 1부에서 밝힌 바와 같이 성별 임금 격차입니다. 여성의 임금이 낮으니 여성이 가사에 집중하는 것이 더 효율적이라는 결론입니다.

그렇다면 지금 나타나는 가족 내 성별 분업은 모성 담론과 무관한 것일까요? 오로지 부부의 합리적 선택에 따른 결과에 불과한 것일까요? 그렇지 않습니다. 전통적 모성 담론에 따른 성별 분업 이데올로기는 여성의 노동을 주변화시켰습니다. 숙련 노동을 남성에게만 할당함으로써 여성의 노동을 부차적인 것으로 인식하게 만들었습니다.[149] 이것이 양성 간 임금 격차를 발생시켰습니다. 성별 임금 격차가 고착된 상황에서는 새롭게 탄생한 노동이 사회경제적으로 중요한 역할을 담당하게 될지라도 그 노동을 주로 여성이 담당하게 된다는 이유만으로 평가절하되고 맙니다. 결국 가족 내 노동 분업이 표면적으로는 부부의 결정에 따른 합리적 선택이라고 할지라도 실질적으로는 전통적 모성담론의 자장 안에 있는 선택에 불과합니다.

37

당연한
희생

전통적 성별분업이 경제활동은 남성의 몫이라는 답을 정해놓 았지만, 여성의 노동이 없었던 것은 아닙니다. 안 보였을 뿐이지요. 가부장제 아래에서 만들어진 성별분업이 여성의 사회적·경제적 기 여를 비가시화한 것입니다.[150] 실을 만들어 베를 짜던 길쌈이든, 농경 사회에서 당연히 함께했던 논밭 일이든, 집안에서 행해졌던 살림이 든 여성이 했던 모든 노동은 가족에 대한 기여였습니다. 하지만 전통 적 성별분업은 이러한 여성의 노동을 의도적으로 평가하지 않게 됩 니다. 심지어 가장이었던 아버지의 사고로 혹은 무책임함으로 인해 어머니가 가족의 생계를 짊어졌을 때도 어머니의 활동은 경제활동이 아니라 가족을 책임지기 위해 행해지는 '당연한 희생'으로 여겨집니다.

그럼에도 불구하고 산업화 이전까지는 이 같은 성별분업이 보통의 경우 설득력을 가졌습니다. 남성은 집 밖의 일, 여성은 집 안의 일로 나눌 수 있었으니까요. 어머니가 논밭 일을 한다고 할지라도 대체로 자기 가족의 농사였으니까요. 하지만 산업화가 진전되고 핵가족이 늘어나면서 이러한 등식에 변화가 일어납니다. 소득 확보의 주된 수단이 임금노동으로 바뀌면서 남성의 영역은 집 밖의 일이 아니라 회사를 다니는 것으로 축소됩니다. 직장에서 월급을 받아오는 것으로 역할이 조정됩니다. 그에 따라 여성의 역할도 집 안의 일에서 가족의 일상을 유지하는 활동으로 재조정됩니다.[151] 예를 들면 남편이 가져다주는 월급을 잘 관리하여 목돈을 만들거나 주거를 마련하는 일, 가족의 사회적 지위 확보를 위해 네트워크를 형성하는 일, 자녀의 교육을 관리함으로써 소위 명문대에 진학시키는 일 등이 여성의 역할에 편입되었습니다. 이러한 상황에서 아내가 해야 할 일은 가계부 쓰기로 일컬어지는 근검절약이었으며 공공기관들은 '알뜰주부상'과 같은 것을 만들어 그 분위기를 조성해 나갔습니다.[152] 그때 요구되던 어머니의 교육 책임은 2000년대 들어 다음과 같은 말로 발전합니다. "자녀의 성공적인 대학 입학을 위해서는 세 가지가 필요하다. 다름 아닌 할아버지의 경제력, 어머니의 정보력, 아버지의 무관심이다."

이러한 역할 재조정이 남성의 일방적인 역할 떠넘기기로 초래된 것은 아니었습니다. 산업화된 자본은 주로 남성이었던 임금노동

민주주의 서로를 책임지겠다는 다짐

자를 새벽부터 밤까지 활용하기를 원했으니까요. 남성에게는 임금 노동을 빼고 다른 무엇을 할 시간 자체가 없었습니다. 자본이 임금을 통해 남성을 철저히 복속시킴에 따라 여성 역시 가정에 더 얽매이게 된 것입니다.

여성의 역할 부담 확대는 이것이 끝이 아니었습니다. 도시화가 진전됨에 따라 여성이 해야 할 일은 늘어만 갔습니다. 도시가 발달한다는 것은 물가의 상승을 의미합니다. 주거비를 포함하여 교육비, 통신비, 의료비 등 가계가 짊어져야 할 소비가 늘어난다는 것을 뜻합니다. 하지만 남성 생계부양자의 임금 상승 폭은 이를 감당하지 못했습니다. 결국 가족 차원에서 낼 수 있는 수단은 여성의 경제활동 참가였습니다. 1970~80년대를 거치며 여성의 역할인 가족 일상의 유지에 가사 및 돌봄 노동뿐 아니라 임금노동까지 들어온 것입니다.[153]

여기서 주목할 것은 여성의 역할이 임금노동으로까지 확대되었음에도 가족 돌봄에 대한 기본적 책임은 여성에게 존재했다는 것입니다. 무엇인가가 치고 들어오면 다른 무언가는 빠져나가야 하는 것이 당연한 이치거늘 가족 돌봄이라는 책임은 여성 바깥으로 나가지를 않았습니다. 사회는 여성의 임금노동으로 인한 가사의 공백을 여성 개인의 책임으로 인식했습니다. 언론은 아내의 취업을 가족 내 경제권에 관한 부부 간 갈등이나 남성이 가지는 심리적 위축의 원인으로 다루었습니다. 양육에 초점을 맞추어 엄마의 취업이 자녀의 건강한 발달에 부정적인 영향을 준다고 표현하기도 했습니다.[154] 이유는 무엇일까요? 추론해봅시다.

첫째, 그 원인을 성별 임금 격차에서 찾을 수 있습니다. 근본적 원인이 전통적 성별분업에 있다고 할지라도 여성의 임금은 남성보다 현저히 낮습니다. 부부가 동일한 시간을 임금노동에 투여하더라도 가족 생계를 지탱하는 주된 부분은 남성의 노동 수입입니다. 여성이 투여하는 임금노동 시간과는 무관하게 생계를 책임지지 못하니 가사를 책임지라는 논리로 이어집니다. 여성의 임금노동은 그 수입 탓에 '용돈벌이'로 취급됩니다.[155] 경력단절여성은 취업에 다시 뛰어들며 애 학원비나 벌어야겠다고 말합니다. 여성 또한 본인의 임금노동을 그렇게 받아들이는 것입니다. 노동의 대가가 용돈이나 학원비, 있으면 좋겠지만 없어도 생계에 지장 받지 않을 만큼의 금액인 탓입니다. 임금의 실제 액수가 얼마인지 중요한 것이 아닙니다. 여성의 월급이 남성보다 적다는 것이 중요합니다. 생계부양자는 여전히 남성일 수밖에 없다는 결론을 도출합니다.

둘째, 오히려 반대입니다. 가부장적 이데올로기를 떠받치는 근거, 가족의 생계부양자는 남성이라는 역할 모델을 고수하기 위해서는 여성의 임금노동에 대한 가치절하가 필요했습니다. 여성의 생계 부양 역할을 인정한다면 가부장적 이데올로기는 무너질 수밖에 없을 테니까요. 그러하기에 여성의 임금노동은 가족 부양이 아니라 가족 돌봄을 위한 것으로 인식되어야 합니다. 가족을 좀 더 잘 돌보기 위해 '여분'의 수입이 필요하고 여성의 노동은 이 여분의 수입을 위한 선택적이고 자발적인 노동이 됩니다. 이러한 논리는 실제 생활과 무관하게 형성될 수 있습니다.

여성의 수입에 대한 인식은 1990년대에 들어 바뀌기 시작합니다. 고소득자, 전문직 등 여성의 지위가 상징적으로 올라온 때가 바로 이 시기입니다. 사회 전반으로 볼 때는 매우 미미했으나 비교할 것이라고는 이전 시기 외에는 존재하지 않았기에 여성 역시 능력에 따라 남성과 동등한 수입을 올릴 수 있다는 착시가 일어납니다. 그럼에도 불구하고 여성의 능력에 대한 인정이니 좋아해야 할까요? 아니었습니다. 그에 따라 여성의 역할도 변했습니다. 여성의 소득을 용돈으로만 취급했던 사회는 이제 여성에게 배우자만큼의 임금을 가져올 것을 요구하게 됩니다. 이건 좋은 엄마, 좋은 아내의 기준이 달라짐을 의미합니다. 돈을 벌어오는 것 또한 가족 내 여성이 해야 할 일로 추가됩니다.[156] 기준이 바뀌니 비난할 거리도 늘어납니다. 이전에는 일하는 엄마에게만 가해졌던 비난이 이제는 가사에만 전념하는 엄마에게도 가해집니다. 놀고먹는다는 말로 말입니다.[157] 일하는 엄마에게 행해지던 비난이 중단된 것도 아닙니다. 결국 사회는 여성에게 돈도 잘 벌고 집안도 잘 볼 것을 요구하게 되었습니다. 슈퍼우먼이 되라고 말입니다.

38

책임과
압박

여기까지 읽으신 분이라면 여성, 어머니가 살기 힘든 사회구조에 고개를 끄덕일 것입니다. 하지만 이 끄덕임이 흔쾌하지만은 않을 것 같습니다. '그런데 여자만 힘든가?'라는 의문이 남아 있거든요. 지금부터는 남성, 아버지의 이야기를 해보려 합니다. 참고로 '누가 더 힘든가?'라는 질문은 피해야 합니다. 이는 남성과 여성, 어머니와 아버지를 대립시켜 답 안 나오는 싸움만 만들어내니까요.

우리는 어머니에 대한 이야기를 모성 담론에서부터 출발했습니다. 그렇다면 아버지에 대한 이야기도 부성 담론에서부터 시작해야 할까요? 하지만 모성 담론과는 달리 부성 담론이란 용어는 낯설기만 합니다. 낯설다 뿐일까요? 부성 담론이란 용어가 존재하는지에 대한 의문까지 있습니다. 당연합니다. 담론을 지식과 권력의 상호작용이라고 볼 때 부성 담론이라는 용어는 생길 이유가 없습니다. 지식과 권력의 소유자가 부성을 가진 남성이었으니 남성은 그 자체로 존재하기만 하면 되었던 것입니다. 상호작용을 주도하는 주체가 그 자신을 객체로 격하시킬 리는 없으니까요. 물론 최근 들어 간간이 부성 담론이라는 용어가 학술논문의 키워드에서 보이고는 있습니다만, 여기서 다루고 있는 내용은 양육에서의 아버지의 역할 변화에 한정됩니다. 기존에 치열하게 논의되어 왔던 모성 담론의 '모성'을 '부성'으로 바꾼 것에 불과합니다. 지금 보이는 '부성 담론'은 지식과 권력의 상호작용이라고 볼만한 것이 없었기에 허구적 용어입니다.

　　담론이랄 것이 없음에도 불구하고 아버지의 역할은 최근 들어 많이 변하고 있습니다. 다만 그 계기는 어머니의 경우와 아예 다릅니다. 모성 담론을 통해 유지되고 변화된 어머니의 역할과는 다르게 아버지의 역할 변화는 기존 역할 수행의 한계로부터 시작되었습니다. 기존 역할을 수행해내지 못하다 보니 부부관계에서 남성 배우자의 역할을 변경하고, 이것이 다시 양육 관계에서의 부성을 새로이 만들었습니다.[158] 담론이라는 것이 사회가 가진 기존의 틀을 유지하거나 바꾸는 기능을 수행한다고 할 때 부성의 역할이라는 것이 담론으로 작용하여 사회적 변화에서의 주도권을 가진 바가 없다는 이야기입니다.

　　가파른 산업화는 빈부격차를 확산시켜 남성 1인의 생계부양자

모델을 파괴했습니다. 직종이 분화될수록 소득의 격차는 커지고 지출의 규모도 각양각색이 됩니다. 성인 남성 1인의 그럭저럭한 수입으로 이웃과 비슷한 생활 수준을 갖기가 힘들어졌습니다. 여기서 이웃은 매우 주관적이기에 대개 나보다 낫다고 생각되는 사람들로 형성됩니다. 열등적 상대 비교는 흔한 인간 속성이기에 이를 탓해서도 안 됩니다. 이러한 비교는 진전된 산업화 이전에도 있었습니다. 하지만 소득과 지출이 지금처럼 세분화되지 않았기에 비교 의식의 강도 역시 약했습니다.

유일한 생계부양자인 남성의 수입이 탁월하지 않은 채 고만고만하다면 가족이 도출할 수 있는 해결책은 수입원을 늘리는 것뿐입니다. 집 안에만 머물러 있던 어머니가 노동 전선에 뛰어드는 것입니다. 이에 따라 가부장적 가족제도와 사고는 천천히 침몰하게 됩니다. 바깥의 일은 남성의 것이라는 등식이 파괴되었기 때문입니다. 가부장적 가족제도의 근간은 남성의 경제력에 있었거든요.[159]

실제로 많은 연구자들이 1997년 IMF 경제위기 이후 한국의 아버지상에 급격한 변화가 있었다고 분석합니다.[160] 1997년 이후 본격화된 한국 사회의 고용 불안은 필연적으로 2인의 생계부양자를 요구했으며, 어머니의 외부 노동으로 인해 나타난 돌봄 공백을 누군가는 채워야 했습니다.[161] 집에 따라서는 조부모가 채워주는 경우도 있었으나 기본적으로는 아버지인 남성이 그 역할을 담당할 수밖에 없었습니다. 이러한 변화가 남성의 역할 한계에 근거한 것임을 가리려 했던 것인지 아버지의 양육 참여를 위한 사회적 캠페인도 일어납니다. 부모의 동반 양육이 아이들을 건강하게 만든다는 분위기가 일었습니다. 이제 아버지는 그 수입이 많고 적음을 떠나 양육 참여를 회피할 수 없게 됩니다. 지금 시대에서 양육에 무관심한 아버지는 구시대적 아버지를 넘어 나쁜 사람이 되어버렸습니다.[162]

아버지의 양육 참여 인식을 공고히 한 것은 모든 캠페인이 그렇듯 미디어입니다. 지상파에서는 2013년에 관련한 두 개의 프로그램이 런칭됩니다. MBC의 〈아빠? 어디가〉에서는 아버지가 자녀와 여행을 다녔으며 KBS의 〈슈퍼맨이 돌아왔다〉에서는 아버지 혼자 영유아인 자녀를 48시간 돌봅니다. 이쯤 되면 아버지의 양육 참여에 대한 사회적 시선은 바뀝니다. 아버지의 양육 참여는 특별함이 아니라 훈장이 됩니다.

"우리 집 남자는 자녀를 돌볼 시간적 여유가 있어요."

하지만 문제가 있습니다. 아버지의 양육 참여가 당연해졌지만, 노동자로서의 부담은 줄어들지 않았습니다. 어머니가 노동 전선에 뛰어들었지만, 집안일의 책임에서 벗어나지 못한 것처럼 아버지는 양육에 뛰어들었지만, 임금노동의 과중한 책임에서 벗어나지 못했습니다. 일과 가족이라는 시소의 중심대가 가족으로 옮겨갈수록 일의 무게가 낮아져야 할 터인데 남성 노동자는 그러하지 못합니다. 다정한 남편, 함께 돌보는 아버지로서의 역할이 강화될수록 노동자로서 할애할 수 있는 시간은 줄어들 수밖에 없기에 그의 업무 강도는 높아지게 됩니다. 양육시간의 공백을 추가적인 노동 혹은 더 밀도 높은 노동으로 메꾸게 됩니다. 어떤 남성은 초저녁에 아이를 돌보고 아내가 퇴근하면 다시 사무실에 출근해 밤샘 작업을 하기도 합니다.[163] 혹은 회사에서 노트북을 챙겨와 집에서 작업하는 것을 택하기도 합니다. 물론 작업의 시작 시간은 아이가 잠든 후입니다.

　"왜 이렇게까지 일하느냐?"

　이 질문은 몽매할 뿐입니다. 속 편한 질문에 지나지 않습니다. 경력이 쌓일수록 책임은 높아지고 해야 할 일은 많아집니다. 고용 불안의 시대에서 책임을 완수하지 못한다는 것은 실직을 의미합니다. 이에 반해 나이가 들수록, 정확히 말하자면 아이가 커갈수록 들어갈 돈은 많아집니다. 맞벌이를 통해 빠듯하게 운영되고 있는 가족의 생계를 염두에 둔다면 실직은 결코 생각할 수도, 생각해서도 안 되는 일입니다. 일과 가정의 균형을 위한 소득의 감소? 역시 받아들여서는 안 됩니다. 돈 들어갈 곳이 이렇게 많은데 소득을 줄이다니요? 있을 수 없는 일입니다. 할 수 있는 방안이라고는 그것 외에는 없습니다. 맡겨진 일을 완수하되 양육시간을 별도로 뽑아내는 것.
　그럼에도 불구하고 이러한 설명은 다시 한번 같은 질문을 반복하게끔 만듭니다. 왜 이런 노동을 감내하는가? 왜 이렇게 사는가, 혹은 살아야 하는가? 그리고 아버지인 남성 당사자들도 이러한 의문에서 자유롭지 못합니다. 무엇이 그를 이처럼 힘들게 만드는 것일까요? 그 근저에는 자신도 인지하지 못하고 있는 전통적 성별분업 이데올로기가 있습니다. 가족의 생계는 남성이 책임져야 한다는 생각. 세상이 많이 바뀌어 혼자 이 짐을 짊어져야 한다는 생각은 없어졌으나, 그리고 혼자 짊어질 수도 없으나, 생계의 많은 부분은 남성인 본인이 감당해야 한다는 생각이 머릿속에 확고합니다.

　이 생각을 버리지 못하는 원인에는 앞서 이야기한 성별 임금 격차가 있습니다. 아내가 일을 한다 해도 그 임금 비중은 가계 전체 소득에서 절반을 차지하지 못한다는 것. 많은 가족이 살아가는 현실입니다. 이것은 남성에게 가족의 생계는 자신의 책임이라는 생각을 가지도록 만듭니다. 전통적 성별 분업 이데올로기가 성별 임금 격차를 만들고, 이것이 다시 전통적 성별분업 이데올로기를 벗어나지 못하도록 한 셈입니다. 일하는 어머니가 양육의 주책임자를 본인으로 인식하고 아이에게 미안함을 갖는 것처럼[164] 양육에 참여하는 아버지는 '혹시라도 소득이 줄어 생계부양자라는 책임을 다하지 못하면 어떡하지?'라는 불안감에 시달립니다.

　하지만 모든 아버지가 같은 압박과 불안을 겪지는 않습니다. 안정적인 직업의 아내를 둔 남성들은 생계부양자로서의 정체성이 비교적 옅습니다.[165] 나의 일자리가 잘못되어도 우리 가족이 버틸 수 입원이 있다는 안정감 때문입니다. 이것은 이 시대 남성이 지니는 책임감의 직접적 원인이 가족의 현실이라는 것을 드러냅니다. 현실이 바뀐다면 남성도 책임감에서 해방될 가능성이 높다는 것을 알려줍니다.

39

끝없는
사교육비

지금까지의 논의 결과는 허탈합니다. 양성평등 차원에서는 발전했으나, 평등하게 모두가 더 힘들어졌다는 것. 이 생각은 우리에게 새로운 질문을 던집니다.

"왜 더 힘들어진 걸까? 왜 이렇게 힘들게 돈을 벌어야 하는 것일까?"

돈 버는 이유를 생각하기에 앞서 돈을 얼마나 벌고, 어디에 얼마나 쓰는지 확인할 필요가 있습니다. 통계청에서 발표한 2023년 4/4분기 가계동향조사 결과를 보자면 가구당 월평균 소득은 502만 4천 원, 지출은 381만 3천 원이었습니다.[166] 가계의 소비지출을 항목별로 보자면 음식·숙박이 43만 3천 원(15.3%), 식료품 등이 40만 9천 원(14.4%), 교통이 35만 6천 원(12.6%), 주거·수도·광열이 32만 4천 원(11.4%) 순이었습니다. 이에 대해 두 가지 의문이 제기될 수 있습니다.

　　첫째는 주거비가 너무 낮게 책정된 것이 아니냐는 의문입니다. 하지만 주거비의 대부분을 차지하는 주택구입자금이나 전세자금에 대한 대출 원리금은 소비지출에 포함되지 않습니다. 이자는 비소비지출로 분류되는데, 가계 평균 지출 381만 3천 원 중 비소비지출은 98만 원이었으며 이자 비용은 이 중 13.6%인 13만 3천 원이었습니다. 원금 상환액은 지출로 분류되지 않으므로 가계 흑자인 121만 1천 원 중 상당액을 차지하고 있을 것으로 보입니다.

　　둘째는 30대부터 50대까지 자녀 있는 가정에서 항상 고민하는 교육비가 주요 항목으로 안 보인다는 점입니다. 가계동향조사 결과에 따르면 월평균 교육비는 17만 7천 원으로 소비지출의 6.2%를 구성하고 있습니다. 하지만 이 숫자는 자녀를 키우는 집에서 보았을 때 어림도 없는 금액입니다. 초등학생이 태권도장이나 피아노학원 하나만을 다녀도 15만 원이며 셔틀버스 다니는 유치원은 학부모가 내야하는 최소 교육비가 30만 원을 넘어갑니다. 자녀가 고등학생이 되면 교육비를 마련하기 위해 집을 줄여가는 이웃도 있습니다. 아무래도 교육비에 관해 더 살펴볼 필요가 있습니다.

소비지출 비목별 구성비 (단위: %)

가정용품 가사서비스
주류·담배 1.4
음식·숙박 15.3
통신 4.5
의류·신발 4.6
가정용품 가사서비스
식료품 비주류음료 14.4
교육 6.0
오락·문화 6.2
교통 12.6
기타상품 서비스 6.8
주거·수도·광열 11.4
보건 8.9
소비지출 7.9

통계청, 〈2023년 4/4분기 가계동향조사 결과〉

교육비는 크게 공교육비와 사교육비로 나눌 수 있습니다. 공교육비가 학교의 정규 교육과정에 임하기 위한 비용이라면 사교육비는 학교 밖에서 받는 보충 교육을 위해 개인이 지불하는 비용입니다. 우리 현실에서 공교육비는 크게 문제 되지 않습니다. 우리나라는 2004년에 중학교 전면 무상교육을 실시한 데 이어 2021년에는 고등학교 전면 무상교육을 도입했기 때문입니다.[167] 대학 등록금 또한 적은 금액은 아니지만 2023년 연간 평균 등록금은 국·공립대학 420만 3천 원, 사립대학 756만 9천 원으로 2011년에 비해 낮아졌습니다.[168] 2021년 국민일보가 조사한 서울 강남과 경기도 분당에 위치한 재수종합학원 다섯 곳의 월평균 학원비가 180만 원[169]임을 감안한다면 대학 등록금은 싸다는 생각까지 듭니다.

문제는 사교육비입니다. 2023년 초중고 학생의 사교육비 총액은 약 27조 1천억 원이었으며 학교급별로는 초등학교 12조 4천억 원, 중학교 7조 2천억 원, 고등학교 7조 5천억 원이었습니다.[170] 사교육 참여율은 전체 78.5%였으며, 초등학생 86.0%, 중학생 75.4%, 고등학생 66.4%였습니다. 학생 1인당 월평균 사교육비는 전체 학생을 대상을 할 경우 평균 43만 4천 원이었으나, 사교육에 참여하는 학생만을 대상으로 할 경우에는 55만 3천 원이었습니다. 학교급별 월평균 사교육비는 전체 학생을 대상으로 할 경우 초등학생 39만 8천 원, 중학생 44만 9천 원, 고등학생 49만 1천 원이었으며 사교육 참여 학생으로 한정할 경우에는 초등학생 46만 2천 원, 중학생 59만 6천 원, 고등학생 74만 원이었습니다. 초·중·고 12년간 사교육을 받을 경우 평균적으로 총 8천 136만 원이 사교육비로 지출되는 셈입니다.

2023년 학교급별 학생 1인당 월평균 사교육비

(단위 : 만원)

구분	초등학생	중학생	고등학생	평균
전체학생	39.8	44.9	49.1	43.4
참여학생 (사교육 참여율)	46.2 (86.0%)	59.6 (75.4%)	74.0 (66.4%)	55.3 (78.5%)

사교육비 지출은 가구 소득에 직접적인 영향을 받습니다. 사교육 참여율은 월 소득 3백만 원 미만 가구에서 57.2%였으나, 소득이 늘어남에 따라 사교육 참여율도 점차 늘어나 월 소득 8백만 원 이상 가구에서는 87.9%를 나타냈습니다. 자녀 1인당 사교육비 또한 마

찬가지입니다. 월 소득 3백만 원 미만 가구에서는 18만 3천 원이었으나, 소득 구간에 따라 점차 늘어나더니 월 소득 8백만 원 이상 가구에서는 67만 1천 원이었습니다. 하지만 이것은 사교육 비참여자까지 포함시켰을 때의 평균 금액입니다. 소득 구간별 사교육 참여율을 반영한다면 사교육 참여 가구의 사교육비 월평균 금액을 추정할 수 있습니다. 이를 계산한다면 월 소득 3백만 원 미만의 가구에서의 자녀 1인당 평균 사교육비는 32만 원으로 증가합니다. 이는 가구 소득 대비 최소 10.7%에 달하는 금액입니다. 월 소득 3백만 원 이상 5백만 원 미만의 가구에서도 자녀 1인당 사교육비 비중은 9.2%에서 13.2%까지의 범위를 나타내고 있습니다.

2023년 가구 소득 별 월평균 사교육비

가구 월 소득(A)	사교육 참여율 (B, %)	자녀 1인당 사교육비 평균 금액(만원)	
		전체 평균(C)	사교육 참여자 추정(D=C/B)*
전체	78.5	43.4	–
300만원미만	57.2	18.3	32.0
300 ~ 400만 원 미만	70.3	27.9	39.7
400 ~ 500만 원 미만	76.8	35.3	46.0
500 ~ 600만 원 미만	80.6	41.2	51.1
600 ~ 700만 원 미만	85.1	48.4	56.9
700 ~ 800만 원 미만	85.8	52.7	61.4
800만 원 이상	87.9	67.1	76.3

* 참여자 추정치: 소득 구간별 1차 자료를 바탕으로 한 2차 추정치임. 그러한 이유로 전체 수치를 별도로 구하지 않음

자녀 1인당 사교육비가 가계 소득에만 영향을 받는 것은 아닙니다. 부모 입장에서는 자녀 수가 늘어난다면 자녀 1인당 사교육비를 줄일 수밖에 없습니다. 자녀가 늘어난다고 가계 소득이 늘어나지는 않기 때문입니다. 이를 반영하듯 위 조사에서도 자녀 수가 늘어남에 따라 1인당 사교육비 및 사교육 참여율은 낮아집니다. 다만 그 폭이 크다고 볼 수는 없습니다. 가구당 평균 사교육비는 자녀가 2인일 경우에 113만 1천 원, 자녀가 3인 이상일 경우 최소 142만 7천 원입니다.

2023년 가구당 자녀수 별 월평균 사교육비

자녀수 (A)	사교육 참여율(B)	1인당 월평균 사교육비(만원)		자녀수에 따른 가구당 추정 사교육비 (E=D×A)*
		사교육 평균 비용(C)	사교육 참여자 추정 비용(D=C/B)*	
전체	78.5%	43.4	–	–
1인	82.0%	48.6	59.3	59.3
2인	80.6%	45.6	56.6	113.2
3인 이상	70.2%	33.4	47.6	142.7**

* 참여자 추정치: 자녀 수별 1차 자료를 바탕으로 한 2차 추정치임. 그러한 이유로 전체 수치를 별도로 구하지 않음.

** 자녀 수를 3인으로 놓았을 때 가구당 사교육비 추정. 다만 자녀 수(A의 값)가 실제 3인 이상 자녀를 둔 가구의 사교육비는 이를 초과할 것으로 보임.

자녀 수에 따른 사교육비 비중도 궁금해집니다. 이에 관한 최근 통계 자료를 찾지는 못했지만, 가구원 수별 가구당 월평균 가계 소득을 기초로 하여 가계 소득 대비 사교육비 지출 비중을 대강이

나마 추산해볼 수 있습니다. 2023년 4/4분기 가계동향조사에 따르면 전구가구의 가구원수별 가구당 월평균 가계 소득은 3인 가구 665만 7천 원, 4인 가구 766만 5천 원, 5인 이상 가구 808만 9천 원이었습니다.[112] 여기서의 3인 가구가 부부와 자녀 한 명으로 이루어진 가구의 소득과 동일한 것은 아닙니다. 가계동향조사의 3인 가구는 부모한 명과 자녀 두 명일 수도 있고 노인을 모시고 사는 부부의 가구일 수도 있습니다. 부부와 성년이 된 자녀 한 명의 가구일 수도 있습니다. 이러한 가구 구성원의 다양성은 4인 가구와 5인 이상의 가구 역시 마찬가지입니다. 하지만 정확성과는 거리가 먼 추산을 대강이라도 해보려는 것은 자녀 수가 늘어날수록 가계의 부담이 커진다는 것을 짐작하기 위해서입니다. 이런 방식으로 자녀 수에 따른 가구 소득대비 사교육비 지출 비중을 추산한다면 자녀 1인 가구는 8.9%, 자녀 2인 가구는 14.8%, 자녀 3인 가구는 17.6%가 됩니다.

사교육비 지출 크기는 다른 소비 항목과 비교할 경우 체감이 더욱 쉽습니다. 2023년 6월 발표된 통계청의 가계동향조사 마이크로데이터를 통해 학원에 다니는 청소년(13~19세)을 자녀로 둔 가구의 학원비 비중을 확인할 수 있습니다. 이에 따르면 2023년 1분기 기준 소득 하위 20%인 1분위 가구의 학원비는 식비 및 주거비의 83.7%였습니다. 이 비중 역시 크다고 볼 수밖에 없지만, 소득이 올라갈수록 식비 및 주거비보다 교육비의 지출 증가가 빨라집니다. 급기야 소득 5분위에서는 교육비가 식비 및 주거비의 합에 맞먹게 됩니다. 부모가 소득을 늘리기 위해 애쓰는 주된 이유가 자녀의 교육비 때문이라는 주변의 이야기가 과언이 아니었습니다. 학원은 이제 사치재라기보다는 필수재라는 어느 학원 관계자의 말[172]을 업계 관계자의 포장으로만 바라보기는 힘들 것만 같습니다.

2023년 1분기 소득 분위별 식비·주거비 대비 학원비 비중

소득 분위	학원비 (만원, A)	식비 및 주거비(만원)			식비·주거비 대비 학원비 비중(A/B)
		식비	주거비	소계(B)	
1분위	48.2	48.1	35.6	83.7	57.6%
2분위	51.5	46.5	41.7	88.2	58.4%
3분위	63.6	51.8	45.5	97.3	65.4%
4분위	84.9	56.7	39.2	95.9	88.5%
5분위	114.3	63.6	53.9	117.5	97.3%

* 학원에 다니는 청소년 자녀(13~19세)를 둔 가구 기준

40
<u>뒤쳐질 것인가,</u>
<u>후회할 것인가?</u>

사교육에 참여하는 고등학생의 1인당 월평균 사교육비가 74만 원이고 소득 5분위 가구의 학원비 지출이 114만 3천 원이라는 숫자는 왜 부모가 더 힘들어진 것인지 힌트를 줍니다. 만일 전국이 아니라 서울로만 한정한다면 사교육 참여 학생들의 1인당 사교육비는 초등학생 62만 1천 원, 중학생 76만 원, 고등학생 98만 8천 원으로 올라갑니다. 저희 집 역시 둘째가 초등학생이 되니 월 사교육비 지출이 80만 원대로 늘어났습니다. 매일 보내는 곳은 피아노와 태권도이며 영어학원은 주 1회에 불과하지만, 사교육비는 주택자금대출에 대한 원리금을 앞질러버렸습니다. 제 주위 선배들은 이 비용이 매우 저렴한 편에 속한다면서 학년이 올라갈수록 사교육비는 기하급수로 늘어날 것이라며 겁을 줍니다. 고등학생이 학원비를 100만 원만 쓴다면 그건 장학금을 받는 것과 다름없는 효자라는 말까지 합니다. 이러한 현실에 사교육비를 다루는 연구는 사교육비가 가족의 부양 부담을 가중시키고 더 나아가 저출산의 큰 요인으로 작용한다고 결론 내립니다.[173]

우리 사회는 왜 사교육에 목을 맬까요? 왜 학원을 보내지 않으면 안 된다고 생각할까요? 수능 영어 강사인 정승익은 부모의 불안 때문이라고 답합니다.[174] 괜찮은 4년제 대학이라고 평가받는 소위 '인서울 명문대', 즉 서울에 소재하고 있으면서 입학 성적 기준으로 상위 10위권의 대학들에 자녀들을 입학시키고 싶은 욕망 때문이라고 합니다. 아무리 대학 졸업 후에 취업이 어렵다고 하지만, 실업 상태인 서울대 졸업자가 나오고 있다고는 하지만, 그래도 인서울 명문대를 졸업한다면 다른 대학 졸업자들보다는 괜찮은 일터를 잡을 확률이 높으니까요. 이는 막연한 감각적 확률이 아닙니다. 지방사립대에서 교편을 잡고 있는 최종렬 교수는 지방사립대를 배경으로 삼은 기안84의 웹툰 〈복학왕〉에 빠져든 계기를 다음과 같이 설명합니다.

(웹툰 내 1종 보통 원동기 면허 합격 축하 현수막을 본 후)
"우하하핫! 눈물이 찔끔 나올 정도로 웃다가 문득, 9급 공무원 합격을 축하한다는 현수막이 여기저기 내걸린 교정이 떠올랐다. 이내 〈복학왕〉 속으로 미친 듯이 빨려 들어갔다."[175]

인서울 명문대에서는 5급 행정고시 합격에 붙는 축하 현수막이, 지방사립대에서는 9급 공무원 합격에 쓰인다는 겁니다. 학부모의 욕망과 불안은 허황된 것이라고 볼 수 없습니다.[175] 정승익 역시 〈어머니, 사교육을 줄이셔야 합니다〉라는 도발적인 책 제목에도 불구하고 이러한 불안과 욕망을 잘못된 것이라 말하지 않습니다. 오히려 적극적으로 인정합니다. 그가 사교육을 줄이라고 하는 이유는 인서울 명문대가 중요하지 않아서가 아닙니다. 첫째는 과도한 사교육비 지출로 인해 부모의 노후 준비가 힘들어진다는 것이며 둘째는 사교육비를 들이붓는다고 해도 인서울 명문대에 가리라는 보장이 없기 때문입니다. 둘째와 관련해서 그는 이렇게 묻습니다. 인서울 명문대의 입학 정원은 전체 수험생의 7%에 불과한데, 그러면 당신은 사교육비를 전국 상위 7% 수준으로 지출할 수 있느냐고 말입니다.

우리는 사교육비를 줄일 수 있을까요? 아니요. 그렇지 않습니다. 사교육비 지출이 좋은 대학을 보장하지 않는다는 것에 동의한다고 하더라도 이를 실천에 옮긴다는 것은 쉬운 일이 아닙니다. 줄이고 싶지만 줄일 수 없습니다. 세상살이가 모두 그렇듯이 이 역시 확률의 문제입니다. 좋은 대학에 입학한다는 보장은 없을지라도 그 확률은 높아지니까요. 효율성이 떨어진다고 해도 조금이나마 효과는 기대할 수 있습니다.

한편 부모 입장에서는 자녀에게 너를 위해 최선을 다했다는 것을 보여줄 필요가 있습니다. 그렇게 하지 않으면 나중에 원망을 들을지도 모른다는 불안감이 있거든요. 혹은 나중에 취업을 못하거나 나쁜 일자리를 전전하는 자식을 보는 것보다는 자신에게 닥칠 노후의 위험을 감내하는 것이 마음 편하다는 생각을 할 수도 있습니다. 부모에게 있어 과도한 사교육비 지출은 옳다, 그르다의 문제가 아닙니다. 현명하다, 우매하다의 문제도 아닙니다. 이건 오로지 어떤 후회를 감내할 것이냐는 선택의 문제입니다.

41
무한 경쟁의
설계

　　과도한 사교육이 부모에게 경제적, 심리적으로 큰 부담을 준다고 하지만, 그 직접적 대상은 교육을 받는 자녀들입니다. 저는 얼마 전 대치동에서 학원을 마치고 집에 돌아와 숙제를 끝내면 자정이 넘어간다는 초등학생 형제의 이야기를 들은 적이 있습니다. 하지만 이런 현상은 대치동만의 문제가 아닙니다. 시간이 흐를수록 사교육의 부담은 전국으로 확산됩니다. 초등학교에서 중학교, 중학교에서 고등학교로 학년이 올라갈수록 학원 수강 시간이 밤늦게까지 이어지는 것은 지역과 상관없이 많은 가정에서 일어나고 있습니다. 왜 이

렇게까지 아이들이 늦은 시간까지 학원을 다녀야 할까요? 단순한 질
문이지만, 그 답은 한국 사회의 구조적 문제와 깊이 연결되어 있습니
다. 드라마 〈졸업〉에서 국어 일타 강사인 최형선(서정연 분)은 이 질문
에 대한 답을 제시합니다.

> "배점 높은 주관식 한 문제가 네 내신 등급을 가른다. 그 등급
> 은 장차 네가 사회에서 차지하게 될 등급이 될 수도 있다. 네
> 가 가게 될 대학, 네가 갖게 될 직업, 네가 소개팅에서 만날 사
> 람까지도 학교 시험 주관식 문제 하나에 달려 있을 수 있단
> 말이지. 억울하게 생각할 필요 없다. 여전히 이 사회에서 계급
> 을 뒤집을 방법이 있다는 걸 다행으로 여기는 편이 정신 건강
> 에 좋아."[77]

이 대사는 냉혹하지만, 현실을 정확하게 짚어냅니다. 사교육
이 필수처럼 느껴지는 이유는 경쟁적인 사회 구조 때문입니다. 부모
들은 자신이 이 구조를 바꿀 수 없다는 것을 알기에 자녀에게 더 많
은 기회를 주기 위해 사교육에 매달립니다. 이 구조에 동의하지 않더
라도 자녀가 그 안에서 생존해야 한다면 그에 맞는 준비를 해야 한다
는 절박감이 있습니다. 최형선의 발언은 여기서 멈추지 않습니다. 그
녀는 또 다른 현실을 학생들에게 강조합니다.

> "학교 시험은 너희들의 성실성을 가늠하는 척도다. 고통의 시
> 간이 아니라 기회의 시간이다. 어려서부터 수천 권의 책을 읽

은 네 옆의 친구를 밟고 일어설 소중한 기회야. 한 문제도 놓쳐선 안 돼. 오늘도 최선을 다하자."[178]

최형선이 이 말을 하는 장소는 같은 학교에 다니는 백여 명의 학생이 있는 교실입니다. 학생들은 최형선의 말에 "네."라는 단음으로 답합니다. 교실은 각자도생하는 전쟁터인 것입니다. 이 말에 동의하지 않는 부모님들도 많을 것입니다. 실제 학원 선생님들이 수업에서 이런 이야기를 하리라고도 생각하지 않습니다. 그럼에도 불구하고 우리는 대학 입시 경쟁이라는 현실을 부정할 수 없습니다. 모두가 함께 잘하는 것은 소용없습니다. 내가 옆 친구보다 더 잘해야 합니다. 그래야 좋은 대학에 들어갈 수 있으니까요.

사교육이 더욱 확대됨에 따라 학부모들도 자연스럽게 자녀의 성공을 기획하고 관리하는 매니저의 역할을 수행하게 되었습니다. 부모들은 대학교 입시설명회에 참석하고, 학원 수업이 끝나는 시간에 맞춰 자녀를 데리러 가며, 그 과정에서 자녀의 성적과 진로를 철저히 관리하는 역할을 감당하고 있습니다. 이는 단순한 생계 부양을 넘어선 역할입니다. 황정미는 이를 '부모의 매니저화'라고 표현합니다. 부모가 자녀의 성공을 기획하고 투자하는 방식이 한국 사회의 새로운 가족 역할로 자리 잡았다고 분석했습니다.[179] 그런 탓에 조주은은 어느 정도의 학력을 가진 맞벌이 중산층 부부가 만들어 낸 가족을 '기획된 가족'이라고 명명하기도 합니다.[180] 경제적 동맹자라는 부부 관계를 형성할 만큼의 학력과 소득을 지닌 두 남녀가 만나 자녀를 낳고, 사교육을 통한 자녀 관리로 중산층이라는 모호하고 주관적이기만한 계급의 계승을 기획한다는 겁니다. 자녀를 교육시키는 일이 자녀의 학업을 넘어 그 가정의 사회적 지위를 유지하기 위한 필수 전략이 된 것입니다.

이러한 분석은 중산층에 한정된 이야기일 수도 있지만, 자녀가 성공하기를 바라는 마음은 모든 부모에게 같습니다. 사교육을 통한 경쟁은 단지 성적만이 아니라 자녀의 미래 전반에 걸쳐 영향을 미치는 사회적 현실이 되어버렸습니다.

우리는 입시가 경쟁을 전제로 하는 것이 옳은지 고민해볼 필요가 있습니다. 입시 경쟁으로 인해 자녀들은 어렸을 때부터 서열화에 익숙해지는 것은 아닌지, 부모들은 양성이 평등해졌음에도 불구하고 더 무거운 짐을 짊어지고 있는 것은 아닌지 점검해볼 필요가 있습니다. 이 문제가 해결되지 않는 한 민주주의는 더 성숙하기 힘들 것입니다.

3부.
민주주의 움직이기

42

나부터
주인되기

이 세계는 두 개로 이루어져 있습니다. 객관적 세계와 주관적 세계.

끝없는 우주에 수많은 사람들이 바글바글 서 있는 지구가 존재합니다. 그 둥그런 평면에서 벌어지는 끝없는 위계와 협력, 욕구의 충돌과 연합의 시너지, 어둠 속에서도 꿈틀거리는 감정의 진동들. 객관적 세계에서는 서로가 주인공이 되려 안달합니다. 서열화된 입시 피라미드의 정점으로 올라가려 잠을 줄이며, 수량 한정 자격증을 얻으려 도서관을 동굴로 삼아 수도하듯 처박힙니다. 직장은 한 번 올라타면 환승이 불가능한 버스 같아서 승차하기 전 더 좋은 차표를 구하려고 해외연수 티켓을 끊기도 합니다.

'좋아요'로 표현되는 인기는 새로운 자본이 되어버렸습니다. 가수나 배우들이야 원래 인기로 먹고 살았으니 논할 개재가 아닙니다. 이제 모든 사람들이 이 인기를 획득하려고 안간힘을 씁니다. 최저임금으로 환산할 경우 하루치의 돈이 단 한 시간의 식사를 위해 사용되기도 합니다. 먹는 것은 부차적인 목적일 뿐입니다. 예쁜 사진을 찍는 것, 그리하여 '좋아요'를 많이 얻는 것이 일상의 목적이 되었습니다. 내 삶의 시공간에서라도 주인공이 되고픈 욕망, 아니 주인공이라고 착각을 하고픈 욕망입니다. 주인공은 행인 1·2·3과 같이 흔한 역할이 아님을, 그래서 내게 맡겨질 일이 없음을 알기 때문입니다. 객관적 세계 속에서 "나는 태어나서 한 번도 주인공이 아닌 적이 없었어."[18]라는 말은 내게 해당하는 문장이 아닙니다.

내가 무슨 짓을 해도 이 세계는 끄떡없어만 보입니다. 잠을 줄여가며 입시에 통과했는데, 수십 번의 탈락을 경험하며 이만하면 됐다는 회사에 들어갔는데 세계는 똑같습니다. 다 나보다 잘난 사람들뿐입니다. 어렵게 기어 올라왔는데 다시 꼴찌가 된 느낌. 이 세계는 나를 둘러싼 트루먼쇼가 아닐까 의심스럽습니다.

만해가 그랬지요. "타고 남은 재가 다시 기름이 됩니다." 삶이 트루먼 쇼라는 합리적이고 수용 가능한 투덜거림은 우리에게 새로운 깨달음을 줍니다. 카메라를 박살내야겠다. 눈을 감아야겠다.

　나의 세계는 말씀이 있음으로 시작되지 않았습니다. 하늘과 땅이 창조됨으로써 시작되지 않았습니다. 나의 세계는 오로지 탯줄이 잘릴 때 시작되었습니다. 알 수 없는 피사체들이 눈을 통해, 모르는 소음들이 귀를 통해 내 안으로 들어올 때 시작되었습니다. 어미와 탯줄로 연결된 상태라면 나는 어미의 일부분이었으니까요.

　내 세계의 종말도 마찬가지입니다. 펄떡이던 내 심장이 힘을 잃고, 명석하지는 않았으나 그런대로 쓸 만했던 나의 머리가 운행을 멈출 때 세계는 끝이 납니다. 이튿날 한반도 전역에 꽃비가 내린들 핵폭탄이 떨어진들 나와는 상관이 없습니다. 이것은 내가 이 세계 사람이 아니어서가 아닙니다. 내가 가진 세계지도는 그 전날 나와 함께 불타버렸기 때문입니다. 바로 주관적 세계입니다.

　민주주의는 객관적 세계에 속하는 가치 질서입니다. 복수의 사람을 상정하고 이들 모두에게 주인이라는 지위를 부여하자는 사상이니까요. 우리가 만일 주관적 세계에만 머물러 있다면 민주주의를 떠올릴 필요는 없습니다. 나만 잘 살다 가면 되지 뭘, 다른 사람까지야. 그러하기에 민주주의를 실천하겠다고 선언하는 것은 내가 살고 있는 객관적 세계를 바꾸겠다는 의지의 표명입니다. 이를 위해 우리는 가장 먼저 무엇을 해야 할까요?

　모든 일을 진행할 때 우리는 제일 가까운 것, 제일 친밀한 것에서부터 시작해야 합니다. 일을 하겠다며 전체만을 생각하다가는 시작하기도 전에 지칠 겁니다. 시작했다고 하더라도 이래서 언제 이걸 다 하냐는 생각에 한숨만 나올 겁니다. 민주주의 역시 마찬가지입니다. 민주주의를 모두가 주인이라는 인식 또는 사고, 혹은 가치관이라고 할 때 우리는 가장 가까운 사람부터 주인으로 만들 수 있어야 합니다. 가장 가까운 사람, 누구일까요? 가족? 친구? 동료? 아닙니다. 가장 가까운 사람은 다름 아닌 자기 자신입니다. 나 자신부터 주인으로 섬겨야 합니다.

반문할지 모릅니다. 원래 나의 주인은 나 아니었냐고. 태어날 때부터 '내' 몸, '내' 마음이었으니 기본적으로 나의 주인은 나 아니었냐고. 맞는 말입니다. 문제는 내 머리가 나를 주인으로 인식하지 못하는 경우가 허다하다는 것입니다. 위계나 체면, 상황을 이유로 나 자신의 필요와 욕구를 외면하기도 합니다. 이러한 일이 반복되다 보면 일종의 욕구 마비 증상이 옵니다. 내가 무엇을 원하는지 알아차리지도 못하게 됩니다.

그 극단적인 예가 드라마 〈런온〉의 기선겸(임시완 분)입니다. 자기 자신이 아니라 '영화배우 육지우의 아들', '골프스타 기은비의 동생' 등 '누구누구의 무엇'으로 불리는 것에 익숙한 사람. 기선겸과 사랑을 하게 되는 오미주(신세경 분)는 침대 맡에서 기선겸에게 부탁을 합니다. 죽을 때까지 평생 같이 살아야 하는 사람은 자기 자신이라고, 기선겸 역시 좀 더 스스로를 사랑해달라고 말입니다. 그래야 서로 건강하게 오래 만날 수 있다고 말합니다.[182]

민주주의를 실천한다는 것은 상대방을 주인으로 섬기는 것을 의미하지 않습니다. 나와 상대방, 모두를 주인으로 섬기는 것입니다. 어쩌면 상대방을 주인으로 섬기는 것보다 나를 주인으로 섬기는 것이 훨씬 더 어려울지 모릅니다. 내가 원하는 것을 알려줄 수 있는 사람은 오로지 나 한 명이니까요. 내가 나를 외면한다면 나를 변호해 줄 사람은 없어지니까요. 그러하기에 오미주의 대사처럼 우리는 스스로를 잘 보살펴야 합니다. 혹시라도 깨진 곳이 생긴다면 보수도 잘 해주어야 합니다.[183] 그래야 스스로한테 쉽게 말을 걸 수 있을 테니까요.

민주주의 실천의 시작점은 객관적 세계가 아닌 주관적 세계에 있습니다. 내가 오롯이 주인이라는 것에서부터 출발해야 하니까요. 주관적 세계가 단단해져야 객관적 세계에서의 나 역시 주인공으로 살 수 있습니다. 내가 주인공이 되어야 내 옆에 있는 동료를 주인공으로 만들 수 있습니다. 그게 주인공의 힘입니다. 민주주의를 달성하기 위해서는 나부터 주인이 되어야 합니다.

43

민주주의를 여는 열쇠

    민주주의 실천의 시작점으로 나부터 주인이 되자고 했건만 이 또한 쉽지만은 않습니다. 땅이나 건물 같은 부동산이라면 등기부에 내 이름을 새기기라도 할 텐데 내가 나의 주인이라는 건 어디에 써 놓을 수도 없습니다. 일기장에 써 놓는다고 해도 그냥 다짐에 불과합니다.

    나의 주인이 된다는 것은 별다른 것을 요하지 않습니다. 그저 주인으로 살면 됩니다. 주인이 되었기에 주인으로 사는 것이 아니라 주인으로 살아야만 주인이 될 수 있습니다. 내가 주인으로 살기 위해서는 내 안의 욕구를 알아차려야만 합니다. 하인이 일하기 위해서는 주인의 요구가 먼저 있어야 하듯, 나는 내 자신이 무엇을 원하는지 알아차려야 합니다. 마음의 소리, 내면의 소리, 그 어떤 표현을 가져다 붙여도 좋습니다. 내가 원하는 것을 알아차려야만 합니다. 하지만 나란 녀석은 그 언어가 독특합니다. 무엇무엇을 원한다고 직접적이고 구체적으로 이야기하지 않습니다. 그저 어떤 대상이 오면 좋거나 싫거나, 기쁘거나 화나거나, 이진법으로만 이야기합니다. 내 자신이 말하는 언어를 우리는 기분 또는 느낌, 정서라고 표현합니다. 결국 내가 무엇을 원하는지 알아차리려면 나의 정서가 존중되어야 합니다. 정서는 욕구의 신호등이거든요. 내가 토해내는 정서를 퍼즐 맞추듯 정성 들여 맞추어 갈 때 나는 내가 원하는 그림을 볼 수 있게 됩니다.

민주주의는 너와 나, 우리가 모두 주인이 되는 관계적 개념입니다. 너와 나의 욕구 모두가 존중되어야 합니다. 민주주의를 정서적 관계로도 표현할 수 있습니다. 각자의 정서가 존중되는 가운데 서로 정서를 교류할 수 있는 상태. 두 가지 조건입니다. 각자의 정서가 존중될 것, 그리고 정서를 교류할 수 있는 상태일 것.

각자의 정서가 존중되기 위해서는 나와 상대를 대등하게 놓아야 합니다. 위계적 관계라면 아래에 위치한 이의 정서는 묵살될 수밖에 없습니다. 드라마에서 많이 봤던 장면이 떠오르지 않나요? 신입사원이 실수를 저지릅니다. 부장님의 고성이 들리고 결재판이 신입사원의 머리 옆으로 날아갑니다. 신입사원은 그 자리에서 아무런 말도 못한 채 꼼짝없이 서 있다가 부장님이 자리를 뜨고서야 화장실로 향합니다. 그리고 문을 닫고 펑펑 웁니다. 그는 왜 사무실에서 눈물을 꾹 참을 수밖에 없었을까요? 엄한 지휘명령 관계에서는 아랫사람의 정서가 존중되지 못하기 때문입니다.

마셜 B. 로젠버그는 필요와 욕구를 인식하기 위해서는 정서로부터 해방되어야 한다고 말합니다.[184] 이것은 정서를 무시하거나 뛰어넘자는 말이 아닙니다. 정서라는 신호 너머에 있는 필요와 욕구에 초점을 맞추어야 한다는 의미입니다. 정서적 해방은 쇠사슬을 끊듯 단번에 이루어지지 않습니다. '정서적 노예 상태'와 '얄미운 상태'의 단계를 지나야 비로소 정서적 해방을 맛볼 수 있습니다.

첫 단계인 정서적 노예 상태에서는 다른 사람의 정서에만 초점을 맞추게 됩니다. 다른 사람의 기분은 모두 다 내 탓입니다. 그가 기뻐해도 내 탓, 화를 내도 내 탓입니다. 그의 기분을 위해 나는 노력을 다합니다. 하지만 정작 나의 기분은 보이지 않습니다. 내가 원하는 것을 안다는 건 불가능합니다.

둘째 단계인 얄미운 상태에는 기본적으로 억울함이 깔려있습니다. 내가 왜 그동안 타인의 기분만 맞추고 살았을까 하는 억울함입니다. 정서적 노예 상태의 반작용입니다. 이에 여기서는 내 기분과 욕구에만 초점을 맞춥니다. 다른 사람은 보이지 않습니다. 누군가 그를 본다면 얄밉다고밖에 표현할 길이 없습니다.

마지막 단계가 바로 정서적 해방 상태입니다. 남의 기분만 맞춰 살다가, 내 기분에만 취해 살다가, 이제 모두를 바라볼 수 있게 됩니다. 정(正)-반(反)-합(合)에서의 합(合)입니다. 이 단계에서는 다른 사람의 기분에 종속되지 않으면서도 내 기분만 중요하다고 생각하지 않습니다. 내 욕구가 소중한 만큼 다른 이의 욕구 역시 중요합니다.

정서적 해방은 정서가 교류할 수 있음을 의미합니다. 내 안이 나의 정서만으로도, 타인의 정서만으로도 가득 차지 않은 상태. 빈 공간이 있어 내 정서가 더 커질 수도, 다른 이의 정서가 더 많이 들어 찰 수도 있는 상태입니다. 이를 위해서는 내 안을 조금은 비워 놓아야 합니다. 그래야 나의 정서가 나갈 수도, 다른 이의 정서가 들어올 수도 있게 됩니다. 이것은 내가 다른 이에게 곁을 내어준다는 말이기도 합니다. 그리고 우리는 내 곁에 있는 사람과 함께 살아갑니다.

이렇게 본다면 민주주의란 참 단순합니다. 내 곁을 타인에게 내어주고 그 정서를 함께 나누는 것. 복잡하기만 한 우리의 삶도 두어 발짝 물러서 보면 별거 없는 것처럼 민주주의도 그리 거창하지 않습니다.

44

경쟁의
시대

한 철 유행이 지난 것처럼 보이는 용어 중에는 '신자유주의'가 있습니다. 1990년대부터 2000년대 초반까지 국내 서점에서는 신자유주의를 주제로 한 책들이 넘쳐났습니다. 그 시절 모든 악화의 범인으로는 신자유주의가 지목되었습니다. 노동운동을 비롯한 시민사회운동의 최종착지에는 신자유주의 타도가 있었습니다.

말의 유행이 끝났다고 해서 생명력이 다 한 것은 아닙니다. 오히려 사회 전반에 신자유주의적 사고가 일반화되었기에 유행이 종료되었다고 보아야 합니다. 유행은 새로움을 필수로 하거든요. 사회는 신자유주의에 익숙해졌지만, 이 신자유주의라는 관념이 명확하지는 않습니다. 학자마다 설명하는 내용이 약간씩 다릅니다. 그도 그럴 것이 '자유주의'라는 관념 또한 말하는 이마다 제각각인데 거기에다 '신(新)'이라는 방향도 정해지지 않은 수식어가 붙었습니다.

그럼에도 불구하고 다음과 같이 설명할 수 있습니다.[185] 소유와 사적 자치를 강조하는 자유주의적 사상이 있습니다. 이 소유와 사적 자치가 이루어지는 곳은 시장이며 여기서 활동하는 인간은 호모 에코노미쿠스, 즉 경제적 인간입니다. 시장 영역을 강조하는 사상이 자유주의입니다. 한편 시장 영역이 있다면 비(非)시장 영역도 존재합니다. 강조되지 않았을지라도 존재하는 것이 자유주의의 비시장 영역이며 여기서 활동하는 인간은 도덕적 인간이며 정치적 인간입니다.

자유주의에 '신(新)'이 붙게 되면 시장과 비시장의 경계가 허물어집니다. 모든 영역을 시장으로 바라보게 됩니다. 돈과 아무런 상관없는 영역과 활동에도 투입 대비 산출을 계산하게 됩니다. 예를 들어 맘에 드는 사람과 데이트를 할 때조차도 투자자의 렌즈를 끼게 됩니다. 시장 밖의 영역이 없어진 신자유주의에서의 인간은 경제적 인간을 넘어 경쟁적 인간으로 변합니다. 마지막까지 남아있는 자본은 머리와 몸을 소유한 자신이기에 자기 자신에 대한 투자를 아끼지 않게 됩니다. 자신이라는 상품의 경쟁력을 높이기 위해 더 배우고 더 홍보하게 됩니다. 자신이 어떻게 행동해야 할 것이냐에 관한 기준은 명확합니다. 자신의 가치를 높이는데 기여한다면 해야 할 일이 되지만, 이 질문에 긍정적인 답을 얻을 수 없다면 쓸모없는 일이 됩니다.

그렇게 보면 우리가 추구하는 민주적 일상은 신자유주의적 인간과 대척점에 있습니다. 다른 사람을 받아들이기 위해 나는 내 안을 조금은 비워두어야 합니다. 시장의 눈으로 본다면 공실(空室)로 밖에는 표현되지 않는 공간이 민주적 일상에서는 다른 무엇에 앞서 지켜내야 할 공간이 됩니다.

일등만 기억하는 이 나라에서 민주적 일상은 거리가 먼 것 같습니다. 기계적으로 등급을 나누고 할당된 인원에 자식을 집어넣기 위해 온가족이 전력투구하는 이 나라에서 민주주의란 선거철에나 있는 것만 같습니다.

하지만 그렇게 낙담할 필요는 없습니다. 현실을 냉정히 바라보는 것은 필요하지만 일부러 슬픈 표정을 지을 필요는 없습니다. 일등을 더 잘 기억하는 건 우리나라뿐만이 아닙니다. 어느 시대, 어느 장소에서건 더 잘 기억되고 남아있는 건 일등뿐이었습니다. 신자유주의를 탓할 일이 아닙니다. 가족 전체가 대학 입시에 매달려 있는 것이 현실이라고는 하지만, 그렇다고 해서 거기에 속한 이들이 나 외의 타인을 경쟁자로만 인식하는 것 역시 아닙니다. 같은 반 친구들은 입시 경쟁자이기도 하지만 그 험한 시기를 함께 건너는 동료이기도 합니다. 그러하기에 학원에서 자리를 대신 맡아주기도, 더 나은 학원 정보와 필기 노트를 공유하기도 합니다. 다른 이를 내 안으로 받아들이는 민주적 생활양식입니다.

우리 안에는 신자유주의적 인간과 민주적 인간이 공존한다고 이야기할 수도 있습니다. 보이는 것으로만 말한다면 말이죠. 하지만 이 대립되는 속성이 도출된 연유를 따질 수 있다면 우리는 평가를 달리할 것입니다. 신자유주의적 인간이 대학 입시로 삶의 많은 부분이 결정되는 불편한 사회제도로부터 강제된 것이라면, 민주적 인간은 어느 누가 가르쳐주지 않았음에도 불구하고 자연스럽게 나온 것이기 때문입니다.

"우리는 민주적으로 살 수 있을까?"

이 질문에 대해 큰 소리로 "예스!"를 외치지 못할지라도 고개를 세차게 저을 필요도 없습니다. 인간은 본래적으로 서로 어깨를 내어주며 살아가는 존재이기 때문입니다. 제도가 경쟁을 강제할지라도 존재를 바꿀 수는 없습니다. 우리의 일상을 민주적으로 꾸려나갈 수 있다는 희망은 다른 무엇이 아니라 우리가 인간이라는 것에 있습니다.

45

연대의
지평선

　　민주주의의 이념은 자유, 평등, 연대입니다. 세 가지 이념을 개인이 가지는 권리의무관계로 파악할 수 있습니다. 자유와 평등이 개인의 권리로 작용한다면, 연대는 개인에게 의무 또는 책임으로 작용합니다. 관계적으로 생각할 수도 있습니다. 자유의 목적이 나의 행복을 높이는 데 있다면, 평등의 목적은 나의 행복이 타인과 비교할 때 쳐지지 않는 데 있습니다. 타인과의 비교를 통해 비슷할 것을, 그에 맞춰줄 것을 요구하게 되는 것입니다. 그렇게 생각한다면 평등이라는 이념이 알려주는 것이 있습니다. 타인의 행복이 확보되지 않는다면 나의 행복 또한 커지기 어렵다.

　범죄심리학에는 자동차 유리창이 조금이라도 깨지면 절도 등 더 큰 범죄가 발생할 수도 있다는 '깨진 유리창의 법칙'이라는 이론이 있습니다. 누군가 유리창이 깨진 것을 본다면 차 안의 물건에 마음이 동해 절도로 나아갈 수 있습니다. 절도는 범죄이지만 시도했다면 깔끔하게 성공하는 것이 낫습니다. 절도가 실패한다면 강도나 살인으로 변할 수도 있거든요. 사소한 무질서가 그에만 그치지 않는다는 것, 중대한 무질서를 초래할 수도 있다는 내용입니다. 깨진 유리창의 법칙이 시사하는 바는 사소한 무질서를 가볍게 흘려보내지 마라, 우리는 항상 조그만 것에도 질서를 유지하려고 애써야 한다는 것입니다. 질서정연한 상태를 유지하는 것이 더 큰 범죄를 예방하는 데 중요한 역할을 한다는 내용입니다.

　깨진 유리창의 법칙을 민주주의의 이념 중 하나인 자유에도 적용할 수 있습니다. 소수의 자유에 대한 침해는 훗날 다수의 자유에 대한 침해로 연결될 가능성이 높습니다. 독일의 목사이자 신학자였던 마르틴 니묄러(Martin Niemöller)는 이를 경고하고 있습니다.

　　나치가 공산주의자들을 덮쳤을 때,
　　나는 침묵했다.
　　나는 공산주의자가 아니었기 때문이다.

　　그 후 나치가 노동조합을 덮쳤을 때,
　　나는 침묵했다.

나는 조합원이 아니었기 때문이다.

다시 그들이 유대인을 덮쳤을 때,
나는 침묵했다,
나는 유대인이 아니었기 때문이다.

그들이 나에게 닥쳤을 때
나를 위해 말해줄 이들은
아무도 남아 있지 않았다.

우리는 이를 뒤집어서도 생각할 수 있습니다. 민주주의를 확고히 하는 방법은 우리 사회의 약한 고리들을 찾아내어 그들의 자유와 평등을 확보하는 것이라 말입니다. 약자들의 자유와 평등이 보장될 때 지금 우리가 누리고 있다고 생각되는 자유와 평등도 더 탄탄해집니다. 민주주의가 비어있는 공간들을 일상에서 찾아내어 이를 채우기 위한 노력을 해야 합니다. 이것은 나의 자유와 평등을 위한 일이기도 합니다. 그것을 우리는 연대라고 부릅니다.

자유, 평등, 연대라는 세 가지 이념으로 민주주의를 그려 본다면 아래와 같습니다. 자유라는 지붕 아래는 평등이라는 기둥이 있으며, 평등은 연대라는 지반 위에 서 있습니다. 지반이 넓게 확보되어야 기둥을 많이 세울 수 있으며, 그래야만 지붕도 넓고 화려해질 수 있습니다. 만일 지반이 좁아진다면 기둥의 숫자도 적어지고 지붕 역시 초라해질 것입니다.

민주주의 서로를 책임지겠다는 다짐

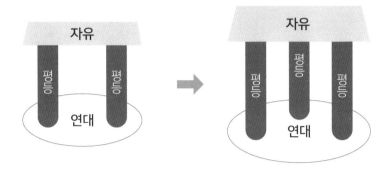

결국 민주주의를 확장하는 출발점은 연대의 강화입니다. 민주주의란 연대의 지평선을 넓히는 일입니다.

46

낯섦,
공감, 연대

연대가 민주주의의 기반이자 시작점이며 민주주의 시민의 책무라는 것은 많은 사람들이 인정할 것입니다. 문제는 어떻게 연대를 실현할 것인가, 누구를 연대의 대상으로 설정할 것인가입니다. 연대가 도덕적 원리라면 자발적이어야 하며, 자발적 연대를 위해서는 연대감이 필요합니다. 연대감이 있어야만 연대의 방법을 고민할 수 있기 때문입니다. 그렇다면 연대감은 어떻게 형성될까요?

드라마 〈경성크리처-시즌1〉에서 우리는 그 힌트를 찾을 수 있습니다. 10화에서 장태산(박서준 분)은 일본 경무국의 행사에 폭발물을 터뜨리는 데 성공합니다. 항일 비밀조직이었던 애국단 단원들은 "장 동지"라며 감사를 표하지만, 장태산은 이를 거부합니다. 그저 전당포 주인일 뿐이라며 떠나버리죠.[186] 장태산과 애국단의 목표는 같았을지 몰라도 그 동기나 목적이 달랐던 겁니다. 애국단의 목적이 대한 독립이었던 반면, 장태산은 그저 화가 나서 그런 행동을 한 것이었습니다. 죄 없는 이들이 당하는 모습을 보자 참을 수 없었기 때문입니다.

이 장면은 중요한 연대의 본질을 보여줍니다. 연대란 거창한 목표나 이념뿐 아니라 단순한 공감에서도 시작될 수 있습니다. 다른 이의 고통에 대한 분노, 혹은 공감이 연대의 동기가 될 수 있습니다. 이런 감정적 반응이 없었다면 장태산은 그 일을 하지 않았을 것입니다.

철학자 강신주도 비슷한 관점을 제시합니다. 그는 나치의 실무자가 유태인을 가스실로 보낼 수 있었던 이유를 유태인들이 이름 대신 번호로 불렸기 때문이라고 설명합니다. 누군가를 그의 이름으로 부른다는 것은 그가 가진 고유성을 인정하는 행위입니다. 여기서의 대화는 고유성과 고유성이 만나는 순간이며 서로가 공유하는 기억을 창조해내는 과정입니다. 만일 장태산이 생체 실험 대상자들을 직접 보지 못하고 소문이나 정보로만 들었다면 어땠을까요? 그가 그들을 구하기 위해 목숨을 걸었을까요? 아마 그렇지 않았을 것입니다. 실제로 마주하고 구체적으로 인식하는 것이 연대의 출발점이기 때문입니다.

2022년 10월 29일, 이태원 참사가 일어났습니다. 이 참사로 158명이 사망하고 200명에 가까운 사람들이 부상을 입었습니다. 그러나 정부는 희생자들의 신상 공개를 막았습니다. 사람들로 하여금 희생자들과 감정적으로 연결되지 않게 하려는 의도였습니다. 이름과 구체적인 신상이 공개되면 우리는 그들이 단순한 숫자가 아니라 우리 주변의 이웃과 친구들로 느끼게 됩니다. 마치 세월호 참사 후 교복을 입은 학생들만 봐도 눈물이 나던 시민들처럼 말이죠.

연대는 타인의 고통을 내 안으로 들여올 때 시작됩니다. 일상의 구체적이고 사소한 접점의 결과물입니다. 우리는 서로의 고유성을 인정하고 타인의 고통과 불편에 시간을 내야 합니다. 만일 익숙한 시선에만 머무른다면 이웃의 불편은 사각지대에 머물게 됩니다. 무감각한 상태에서는 연대로 나아갈 수 없습니다.

연대감은 구체적인 연결에서 시작됩니다. 우리가 일상에서 더 많은 사람과 공감하고 동질성을 느낄 때 자연스럽게 연대감이 형성됩니다. 이를 위해서는 익숙한 생활 속에서 새로운 시선을 발견하는 것이 중요합니다. 항상 그 자리에 있는 동네 열쇠집을 의식하지 못하듯 우리는 우리 주변의 고통을 종종 지나치곤 합니다. 이런 무감각에서 벗어나기 위해서는 타인을 내 안으로 끌어들이기 위해서는 낯섦을 받아들이겠다는 마음과 시선이 필요합니다.

민주주의 서로를 책임지겠다는 다짐

47

갈등의
힘

인간사에서 피할 수 없는 것은 무엇일까요? 많은 이들이 만남과 헤어짐이라 대답할 것 같습니다. 헤어짐의 원인에 갈등이 있다고 한다면 갈등 역시 우리 일상에서 피할 수 없는 현실일 겁니다.

갈등은 서로 다른 욕구의 충돌로 인해 발생합니다. 욕구가 살아있음의 증거라면 복수의 존재들이 모인 모든 곳에는 갈등이 놓입니다. 인간도 마찬가지이며 오히려 다양한 방식으로 욕구를 표현할 수 있기에 갈등은 다채롭게 나타납니다. 갈등을 심화시키는 것은 세계의 유한성, 즉 우리가 유한한 자원을 가진 세계에서 살고 있다는 점입니다. 세계가 유한하게 창조된 순간부터 갈등은 계속될 운명이었던 것입니다. 기독교 성서에 따르면 하느님이 빛이 있으라 말씀하심으로부터 세상이 탄생했다지만, 그와 함께 갈등도 생겨난 것 같습니다. 낮과 밤으로 갈렸다는 것이 이를 상징하는 건 아닌지 의심이 듭니다. 인류의 시초인 아담과 이브만 존재했을 때조차 갈등은 존재했습니다. 이브가 하느님과 같이 눈이 밝아지기를 원해 선악과를 따 먹은 것. 이것은 하느님과 이브가 가진 욕구의 충돌, 곧 갈등이었습니다.

갈등 해결을 처음 배울 때 자주 언급되는 사례가 있습니다. 다름 아닌 '오렌지 사례'. 집에 오렌지가 딱 하나 남았습니다. 그런데 언니와 동생 모두 서로 오렌지를 차지하려 합니다. 누구에게 줘야 할까요? 이 상황을 어떻게 해결할 수 있을까요?

갈등 해결 과정에서 가장 중요한 것은 주장에 깔린 욕구를 확인하는 일입니다. 두 사람의 욕구를 들어봅시다. 언니는 학교 미술 시간을 위해 오렌지가 필요합니다. 오렌지 껍질을 활용해 무언가를 만들어야 한다는 것이죠. 이에 반해 동생은 신 것이 먹고 싶기에 오렌지가 필요합니다. 해결책은 명확합니다. 오렌지를 까서 껍질은 언니에게 주고 속살은 동생에게 주면 됩니다. 이 간단한 해결책을 보고 교육생들은 하나같이 감탄합니다. 욕구를 제대로 이해하면 갈등을 해결할 수 있겠구나! 하지만 교육과정이 깊어진 후 교육생들은 다시 깨닫습니다. 현실에서의 갈등은 그렇게 단순하지 않다는 것을요.

형제자매 사이에서도 남은 소시지 하나를 두고 싸우는 것이 인간입니다. 아주 사소한 이유로도 갈등이 일어나는 것을 본다면 혹시 인간의 속성 중 하나가 갈등 유발자는 아닌지 의문스럽기도 합니다. 특히 가족 내 갈등은 더욱 복잡합니다. 예를 들어 부부의 갈등에 자녀가 태어나면 갈등은 더욱 늘어납니다. 부부 간의 관계에서 시작한 갈등은 이제 부모와 자식 간, 자식과 자식 간 등 다면적으로 확장됩니다. 가족 구성원이 늘어날수록 갈등의 수는 기하급수적으로 증가합니다.

예를 들어 세 명이 사는 가족에서의 갈등은 단순히 두 사람 간의 갈등만 있는 것이 아니라, 서로 다른 욕구가 얽히면서 더욱 복잡해집니다. 가족 구성원이 8명이라면 갈등의 수는 다음과 같은 수식을 통해 28개까지 늘어납니다.

$$* \text{갈등의 수} = \frac{n(n-1)}{2}$$

갈등의 수만이 문제가 아닙니다. 갈등이 더욱 복잡하게 느껴지는 이유는 사안마다 욕구의 대치되는 양상이 달라지기 때문입니다. 예를 들어 저번에는 내 편이었던 처제가 이번에는 다른 편일 수도 있다는 거죠. 이처럼 갈등은 항상 변하는 동적인 과정입니다.

갈등을 적게 보는 방법에는 두 가지가 있습니다. 하나는 표면화된 갈등을 하나씩 해결해 나가는 것입니다. 갈등이 보일 때마다 각자의 욕구를 이해하고 서로 타협점을 찾아 나가는 것입니다. 이걸 해결하면 또 다른 갈등이 생겨나겠지만, 그때도 다시 그 과정을 반복해 나가면 됩니다. 우리 생활 속에서 방은 언제나 어지러워지기에 방 청소를 일상화하는 것처럼 갈등도 피할 수 없는 것이라 보고 그 해결

과정 수행을 자연스럽게 여기면 됩니다. 청소를 할 수록 청소가 쉬워지듯 갈등 해결 역시 시도가 잦아질수록 속도가 빨라지고 방법도 다양해질 겁니다.

다른 하나는 갈등을 표면화시키지 못하도록 하는 것입니다. 그게 가능하냐고 물을지도 모르지만 우리는 지금까지 많이 겪어 왔습니다. 가족 내 갈등이 다층적이며 복잡하다고는 하지만, 이러한 경험들이 전반적으로 확산된 건 얼마 되지 않았습니다. 대가족의 가부장제 가족 하에서는 위계가 확실했기에 갈등이랄 것이 크지 않았습니다. 갈등이 불거진다고 해도 윗사람이 정하면 그만이었으니까요.

오늘날 우리 사회가 과거보다 더 많은 갈등을 접하는 것은 민주주의가 확장된 결과입니다. 다양한 목소리가 나오고 그 목소리들이 충돌하면서 갈등이 표출되는 것입니다. 이는 곧 더 많은 사람들이 자신의 욕구를 표출할 수 있는 자유가 생겼음을 의미합니다. 민주주의적 일상에서는 다양한 갈등이 존재하는 것이 당연합니다. 어쩌면 환영해야 할 것이 갈등입니다. 갈등이 일어났다는 것은 그룹 내에 기존과 다른 욕구가 생겨났다는 의미니까요.

우리가 더 민주적으로 살기 위해서는 갈등을 자연스러운 것으로 인정해야 합니다. 그리고 이를 해결하기 위해 끊임없이 대화하고 절충하고 상상해야 합니다. 우리의 목표는 명확합니다. 갈등을 통해 더 이야기하는 것, 더 배우고 성장하는 것, 더 발전하는 것입니다.

48
갈등에서
협력으로

자연스럽다고 생각할지라도 달갑지 않은 것이 갈등입니다. 잡초 같습니다. 씨를 뿌린 적이 없는데도 어느 날 보면 자라나 있습니다. 노동조합이나 이익집단이면 구성원의 욕구도 동일할 줄 알았는데, 목적만 달성하면 아무 문제도 없을 줄 알았는데 그렇지 않습니다. 일을 추진하는 입장에서는 다른 말을 하는 사람들이 아쉽기만 합니다. 열심히 해도 알아주지는 않고 비난만 쏟아냅니다. 다른 생각이 있었으면 일찌감치 이야기할 것이지 일이 끝난 후에 관전평만 늘어놓습니다. 책임지는 입장에서는 답답하고 화나는 노릇입니다.

민주주의를 만들어 가는 것이 어려운 이유입니다. 목적 달성 뿐 아니라 그 과정에서 구성원을 소외시켜서는 안 된다는 것이 민주주의거든요. 사공이 많으면 배가 산으로 간다는데 민주주의의 목적은 모든 구성원이 노를 잡게 하는 것입니다. 불가능해 보이는 것을 가능하게 하라니. 아리스토텔레스가 민주주의를 반대한 심정도, 현대의 민주주의가 절차에만 집착하는 이유도 이해할 수 있습니다. 하지만 어렵다고 손을 놓을 수는 없습니다. 민주주의는 그 자체가 지향이며 발전하는 과정이기 때문입니다.

노동조합 활동을 전임으로 하며 회의 방식을 바꾸었습니다. 이전 회의 방식이 잘못되었기 때문은 아니었습니다. 사회자가 내놓은 안건에 대해 자유롭게 이야기를 한 후 결정을 내리는 것. 노동조합뿐 아니라 대개 모든 회의가 이렇습니다. 민주적인 방식입니다. 모두가 자유롭게 이야기하고 다수 의견에 따라 결정하는 것. 하지만 민주적인 방식이 항상 민주적인 의사결정을 담보하지는 않습니다. 참석자 신분이 회의장 안에서는 동등하다고 하더라도 밖에서는 아니니까요. 바깥에서의 서열이 자유로운 논의를 가로막습니다. 바깥의 공기가 안으로 들어오는 것처럼요. 자유롭게 이야기하라고 하더라도 연차나 직급이 낮은 참석자들은 감히 이야기하지 못합니다. 이유는 세 가지. 먼저 발언한 사람의 의견과 같거나(의사진행의 효율성), 내 의견은 다르지만 이건 자신이 배경지식이 모자란 탓이라거나(지레짐작에 의한 자기 불신) 말해도 안 받아들여질 것이라고(지레짐작에 의한 포기) 생각합니다. 회의 참석자가 열 명을 넘어도 말하는 사람은 언제나 서너 명뿐입니다.

이런 회의가 반복되면 구성원들 사이에 불만이 생깁니다. 말할 기회를 주지 않는다거나, 결론을 정해놓았다거나. 회의 주재자가 들으면 서운한 말이겠지만, 그렇다고 해서 구성원의 불만이 사그라들지는 않습니다. 여기서 누가 옳으냐는 무의미한 논쟁입니다. 알아야 할 게 있습니다. 동일한 제도가 동등한 자유를 보장하지는 않는다는 것. 예를 들면 대중교통망을 잘 갖추어 놓은 사회가 있더라도 그것만으로 장애인을 포함한 구성원 모두의 이동권이 동등하게 충족되지는 않습니다. 구성원의 동등한 이용권의 보장을 위해서는 소수인 장애인의 접근이 용이할 수 있는 장치가 요구됩니다. 지하철역마다 엘리베이터를 복수로 설치하거나, 저상버스의 비율을 높이거나 하는 것 등으로 말이죠.

제가 바꾼 회의 방식은 이렇습니다. 안건을 던지고 나서는 토킹피스(talking-piece)를 옆으로 돌렸습니다. 토킹피스를 가진 사람만 말할 수 있고 나머지 사람들은 듣기만 합니다. 토킹피스 소지자는 안건에 관한 의견과 질문, 어떤 이야기도 할 수 있습니다. 침묵을 선택할 수도 있습니다. 자신의 말이 끝나거나 침묵을 선택한 후에는 토킹피스를 옆으로 건넵니다. 이렇게 토킹피스가 한 바퀴 돈 후에 진행자는 지금까지 나온 질문들에 답을 하고 의견들을 요약합니다. 그 다음에 비로소 자유토론으로 넘어갑니다.

이 방식은 구성원 모두가 말할 수 있게 만들었습니다. 자유롭게 말하라고 했을 때 말하지 못했던 이들이 말하게 되었습니다. 소위 '빅마우스'도 사라졌습니다. 회의장에서 빅마우스가 되는 이유는 따로 있지 않습니다. 논의가 안건에 대한 찬반 토론으로 흘러서입니다. 그렇게 되면 옳고 그름의 싸움으로 바뀝니다. 결론은 승패를 가르게 되고 진 사람은 결정에 불만을 얻게 됩니다. 하지만 토킹피스가 돌면 전원의 의견을 듣게 되고 내 의견 역시 1/n로 인식됩니다. 어떤 결론을 취하든 장단점이 있다는 것을 모든 이가 알게 됩니다. 이제 초점은 어떻게 하면 장점을 살리고 단점을 최소화하는 방안을 만들 수 있느냐에 맞춰집니다. 내 의견이 관철되느냐에서 우리의 결정이 얼마나 좋아지느냐로 바뀝니다. 집단의 결정이 내 의견으로 받아들여집니다.

처음엔 단점도 나타났습니다. 회의 시간이 길어졌습니다. 참석자가 열 명이면 한 명당 3분씩만 잡아도 30분이니까요. 어떤 안건은 두 시간이 걸리기도 합니다. 예측할 수 있는 단점입니다. 하지만 노동조합과 같은 그룹의 회의일수록 효율성(결정까지 걸리는 속도)보다는 효과성(결정을 수용하는 정도)을 추구해야 합니다. 많은 이들이 함께 가려면 말이죠. 다행스러운 것은 회의를 거듭할수록 회의 시간이 짧아졌습니다. 구성원들이 자발적이고 암묵적으로 단점을 상쇄시켰습니다. 토킹피스 소지자가 자신이 할 말을 정리하여 간단히 합니다. 앞 사람의 의견에 동의하고 넘기기도 합니다. 지금은 생각 정리가 안 되었으니 자유토론 때 이야기하겠다고 넘기기도 합니다. 침묵하는 사람은 있되, 의견 없는 사람은 없어집니다.

민주주의란 구성원에게 말할 자유를 보장하는 것입니다. 말할 자유에는 침묵할 자유도 포함됩니다. 보장되었는지의 판단은 가장 약한 이의 자리에 서서 해야 합니다. 최규석의 만화 〈송곳〉의 명대사처럼 서 있는 곳이 달라지면 풍경이 달라지니까요. 가장 약한 이가 주인으로 될 때만이 모든 구성원이 주인일 수 있습니다. 갈등은 협력으로 전환됩니다. 민주주의란 그런 것입니다.

49

시민으로
살아가기

하나의 실체는 하나의 지위로만 존재하지 않습니다. 제가 직장인임과 동시에 연구자이며, 아빠임과 동시에 아들인 것처럼 말입니다. 기독교에서 하느님이 성부이며 성자이며 성령이신 것처럼 말입니다. 이 복수의 지위는 상황이나 맥락에 따라 다르게 강조되기도 합니다. 직장인으로서의 저는 상사의 결정에 철저히 따릅니다. 논의 과정에서는 다른 의견을 내기도 하지만 결정이 내려지면 그것을 수용할 뿐 아니라 수행합니다. 하지만 연구자로서는 다릅니다. 연구자가 따라야 하는 것은 내면의 소리 외에는 없습니다. 자기 글에 대한 비판을 받아들일 필요는 있으나 그것을 반드시 수용할 필요는 없습니다. 기독교의 하느님 역시 시대에 따라 강조되는 위격이 달라집니다. 예수 탄생 이전에는 성부가, 예수의 공생애 이후에는 성령이 강조됩니다.

왕정 시대 이후 민주주의 발달 과정에서 계속 강조된 것이 시민이라면, 자본주의가 심화되면서 강조된 것이 소비자입니다. 우리 사회에서 시민은 소비자이기도 합니다. 시민이 사회 구성원의 의미라면 소비자는 시장 속 구매자입니다. 소비자가 강조된 건 구호만이 아닙니다. 그 역할 또한 소극적인 존재에서 능동적인 존재로 변했습니다. 단순히 재화나 서비스를 구매하는, 그리하여 시장을 돌아가게 하는 단순한 요소적 존재에서 벗어났습니다. 기업에 자신의 목소리를 내며 주권을 행사하는 주체가 되었습니다. 자본이 제시하는 선택지 중 하나를 고르는 수동적인 존재가 아니라 자신이 필요로 하는 것을 명확히 요구하는 능동적인 존재로 자리잡았습니다. 소비자는 단순히 자본의 설득에 넘어가는 것이 아니라 자신만의 진의와 가치를 가지고 행동합니다.

소비자는 이제 시장에서 유통되는 재화나 서비스의 생산 과정에서부터 다양한 의견을 표출하게 되었습니다. 이러한 과정에서 탄생한 단어가 바로 '소비자주권'입니다. 과거에는 식당에서나 볼 수 있었던 '손님은 왕이다'라는 표어가 이제는 단순한 수사를 넘어 소비자의 권리로 변모했습니다. 소비자주권의 비약적 발전에는 정보통신기술의 발달이 있습니다. 판매되는 상품이나 물건에 대해 즉각적으로 반응할 뿐 아니라, 다른 소비자에게 내 느낌과 생각을 전달할 수 있게 되었으니까요.

소비자주권은 소비자에게 자신이 왕이라는 인식을 심어주었습니다. 대통령이 선출된 후 가지는 힘이 권한이라면 소비자가 가지는 힘은 주권입니다. 소비자는 돈을 내는 순간부터 모든 행동이 정당화될 것이라는 착각을 할 수 있게 되었습니다. 서비스를 제공하는 자에게 무엇이든 요구할 수 있다고도 생각합니다. 소비자는 노동자로서의 정체성을 잃어버리고 매장의 직원들을 자본의 대리인으로만 인식하게 되었습니다. 그들과 연대할 필요를 느끼지 않게 되었습니다. 백화점 갑질, 배달 앱 리뷰 갑질 등은 대부분 그 결과물입니다.

소비자라는 지위는 이제 시장을 넘어 다른 영역까지 침투했습니다. 관공서에서도 시민은 소비자로 변했습니다. 세금을 낸 자신이 소비자이며, 따라서 관공서 직원들은 자신에게 서비스를 제공해야 한다고 생각합니다. 그들이 공무를 생업으로 삼는 노동자라는 사실을 망각합니다. 시민의식을 잃어버린 채 내가 낸 세금으로 월급을 받으니 그 정도 서비스는 제공해야 한다고 생각합니다.

소비자로서의 지위가 강화될수록 시민의 지위는 소멸됩니다. 시민은 연대하지만, 소비자는 파편화되어 존재합니다. 내가 먹고, 마시고, 즐기기 위한 지위가 소비자이기에 시장의 풍요로운 선택지 속에 연대란 쓸모없는 것으로 취급됩니다.

한편 지금 우리 사회에는 다양한 종류의 소비자 연대운동이 펼쳐지고 있습니다. 공정 무역, 친환경 소비, 로컬 소비, 윤리적 소비 등. 이러한 소비자 연대는 소비자들이 구매 결정을 통해 사회적, 환경적 가치를 실현하겠다는 실천적 운동입니다. 정당한 대가, 친환경제조·유통 등의 사회적 가치가 소비자들을 묶어놓은 것입니다. 이 연대를 가능케 한 것은 소비자가 아닌 시민으로서의 의식입니다.

민주주의 실천에 있어 무엇보다 필요한 건 시민으로서의 자각입니다. 고(故) 노무현 대통령이 깨어있는 시민을 그렇게 강조한 것도 이 때문입니다. 소비자로서의 지위는 자본에 저항할 때 빛을 발합니다. 소비자주권은 나라는 개인이 더 편하게 서비스를 받고자 존재하는 것이 아닙니다. 소비자주권은 시민주권 위에 서 있어야 합니다. 소비자주권은 사회공동체의 가치를 증대시키는 한도 내에서만 행사되어야 합니다.

50
믿을 수
있을까?

2023년 7월 18일 서울 서이초등학교에서 선생님 한 분이 자살했습니다. 학부모의 악성 민원이 그 원인이었습니다. 30년 전만 해도 학교에 민원을 넣는다는 건 생각할 수도 없었던 일이었습니다. 선생님은 학부모가 잘 보여야 하는 대상이었거든요. 긍정적으로 평가하자면 사회가 그만큼 수평적으로 변한 겁니다. 민원의 존재는 당연하고 자연스럽습니다. 민원 역시 커뮤니케이션의 일환이니까요. 문제는 민원의 양이 아니라 질입니다. 상상을 초월합니다. 선생님 출근길에 집에 들러 아이를 깨워 달라거나 아이를 학원까지 데려다 달라는 요구부터 단원평가를 없애라거나 시험에 특정 문제를 출제해 자녀의 기를 살려달라는 요구까지. 학교라는 공간에서 발현된 소비자주권의 폐해입니다. 예외적이라고 넘어가기에는 그 숫자가 너무 많습니다. 인터넷을 통해 사흘간(2023.7.21.~2023.7.23.) 모은 사례가 총 2,077건이니까요. 이 자료는 〈학교 교권 침해 교실 붕괴 민원 사례 모음집〉이라는 전자문서로 공개되어 있습니다.[187]

일본에서는 이런 학부모에 이름을 붙였습니다. 괴물 부모(몬스터 페어런츠, Monster Parents). 일본에서도 학부모의 과도한, 그리고 비합리적인 민원이 사회문제로 부각되었던 것입니다. 시작된 계기도 비슷합니다. 2006년 초등학교 선생님이 학부모로부터 시달리다 자살한 사건이 그것이었습니다.

서이초 사건 이후 문제를 풀기 위해 전국의 선생님들이 광화문에 모여 집회를 했고 국회는 '교권 보호 4법'을 통과시켰습니다. 이제 끝났을까요? 선생님들은 변한 건 없다고 합니다.[188] 원인에 대한 탐색을 등한시한 채 만든 제도, 큰 기대를 하기는 어렵습니다.

〈괴물 부모의 탄생〉을 쓴 김현수는 괴물 부모의 신념을 다음 다섯 가지로 요약합니다.

① 경쟁 사회와 학벌 시스템 : 이곳은 학력과 성적에 기반한 학벌이 지배하는 사회다. 성공하려면 경쟁에서 이겨야 한다.

② 과잉보호 : 내 아이는 유일한 핏줄, 세상에서 제일 소중한 존재다. 아이에 대한 책임은 전적으로 내게 있다.

③ 왜곡된 좋은 부모관 : 부모가 할 일은 공부를 잘하게 만드

는 것이다. 그래야 아이가 더 편하고 안정적으로 살아갈 수 있다.

④ 각자도생 사회 : 이 사회에서는 아무도 책임져주지 않는다. 내 아이는 내가 책임져야 한다.

⑤ 자녀의 사유화 : 나는 자녀를 키우려고 내 삶을 포기했다. 자녀는 나 자신이기에 내 뜻을 따라야 한다.

다섯 가지라고는 했지만 하나의 이야기입니다. 사회에 대한 지독한 불신, 나 외에는 믿을 사람이 없다는 불안감. 이 상태에서 부모가 아이에게 해 줄 수 있는 최고의 선물은 좋은 학벌이 됩니다. 그들이 괴물이 된 건 불가피했을 수 있습니다. 이 학부모의 행동이 옳다는 것이 아니라 그들 입장에 서 보자는 겁니다. 디즈니의 만화 〈미녀와 야수〉에서도 야수는 원래부터 야수가 아니라 잘생긴 왕자님이었습니다. '진상 학부모' 역시 그럴 수 있다는 겁니다.

그들을 과대망상병 환자로만 생각하기엔 우리 사회가 뻔뻔합니다. 학벌이 좋아야만 괜찮은 일자리를 얻고, 학벌을 가질 수 있는 사람은 한정되어 있습니다. 최저임금 좀 올리려고 하면 기업이 죽네, 자영업자가 죽네라며 반발합니다. 한 장소에서 같은 일을 해도 정규직이냐 비정규직이냐에 따라 임금 차이가 큽니다. 학교도 마찬가지입니다. 학교에도 계약직 선생님이 많습니다. 비정규직 선생님이 상시적으로 필요하면 정규직 선생님을 늘리는 것이 맞지만, 학교는 운영상 어쩔 수 없다고 이야기합니다. 진상 학부모도 똑같이 말할 겁니다. 사회 구조상 어쩔 수 없다.

타인에 대한 불신은 연대를 어렵게 합니다. 믿을 건 나뿐인데 다른 사람과 어깨를 어떻게 걸까요? 오히려 옆 사람 때문에 나도 같이 엎어질까 좀 멀찍이 떨어지게 됩니다. 그 다음에 말합니다. 각자 경쟁하자, 공정하게 경쟁하자. 언제나 이런 식입니다.

사람 사는 사회에서 공정한 경쟁이란 있을 수 없습니다. 공정함은 환상입니다. 모두 다르게 태어났는데 어떤 경쟁이라고 공정할까요? 사람들이 스포츠 경기에 열광하는 것이 여기에 있습니다. 현실에 없는 공정함을 충족시키니까. 몸무게를 재고 도핑테스트를 하는 것도 공정함이란 환상을 유지하고 싶어서입니다. 그렇다고 스포츠 경기가 완벽하게 공정할까요? 아닙니다. 우리나라가 축구에 투자를 덜 해서 남미에 지는 건 아니잖아요.

민주주의는 사람에 대한 신뢰를 기본으로 합니다. 신뢰가 있어야 연대할 마음이 생깁니다. 믿을 수 없는 사람과 같은 편이 될 수는 없으니까요. 연대가 없는 상황에서 민주주의는 절차로 전락합니다. 껍데기만 남는 거죠. 책의 서두에서 말한 '텅 빈 민주주의'가 바로 이 상태입니다. 공정함이라는 환상만 남은 민주주의죠.

민주주의가 작동한다는 건 한 개인이 다른 개인을 주인으로 인정한다는 겁니다. 사회 내에서 그의 역할과 기여를 인정한다는 거죠. 우리가 과도하게 민원을 넣는 학부모에 대해 진상이나 괴물이라고 부르는 이유도 여기 있습니다. '어? 선을 넘네? 선생님의 역할을 무시하는 거잖아.'라고 생각하는 겁니다.

학부모 입장에서 주인으로 인정해야 할 타인은 선생님뿐만이 아닙니다. 자녀도 주인으로 인정해야 합니다. 김현수는 괴물 부모의 양육적 특징으로 밖에서는 관대하고 안에서는 엄격다고 말합니다.

밖에서는 아이가 기죽을까 봐 식당에서 뛰어다녀도 풀어놓고 안에서는 부모 말에 복종시키는 거죠. 참 신기하다 싶지만 '내 자녀가 다른 누구보다 소중하다.', '내 자녀는 나의 일부다.'라는 생각이 섞인 행동 패턴입니다. 후자에 중점을 맞추자면 다른 누구보다 소중한 건 자녀를 넘어, 나 자신입니다. 자녀는 내 욕망을 달성하기 위한 매개체에 불과합니다. 진상 부모는 자신의 괴물됨을 알면서도 '새끼 가진 어미'라는 핑계를 댑니다.

　　부모라는 위치. 대단히 중요하지만, 역할일 뿐입니다. 역할이 본질을 대체할 수는 없습니다. 나라는 사람의 본질은 나 자신입니다. 내가 어떻게 할 수 있는 사람도 나 자신뿐입니다. 민주주의를 실천하기 위해서는 우선 이 사실을 잊지 않아야 합니다. 그게 되어야 자녀도 선생님도 주인으로 바라볼 수 있습니다.

　　그다음 할 일은 다른 사람을 믿는 것입니다. 우리는 서로 돕는 관계라고 믿어야 합니다. 선생님도 믿고 자녀도 믿어야 합니다. 선생님에 대해서는 직업적 소임을 다해 우리 아이의 성장을 도와줄 거라고 믿어야 합니다. 자녀에 대해서는 제 인생을 잘 살아가겠거니 믿어야 합니다. 부모에게는 온 것만으로도 고마운 존재가 그들이니 제 앞가림 잘하는 것만으로도 우리를 도와주는 겁니다.

51

학벌
사회[189]

진상 학부모가 아니라 해도 자식은 그 자체로 걱정거리입니다. 걱정이 있다는 건 바라는 게 있다는 거예요. 그런데 이걸 바람이라고 해도 좋을지 모르겠습니다. 너무 당연하고 소박해서.

"우리 아이가 행복하고 건강하게 자라면 좋겠어. 성인이 되면 밥벌이는 스스로 안정적으로 할 수 있으면 좋겠어."

이 바람은 단순하지만, 그에 따르는 질문은 우리에게 선택을 요구합니다.

　　1. 학원을 보낼 것이냐.
　　1-1. 어떤 학원을 보낼 것이냐.

　　간단한 문제인데 어렵습니다. 답을 내리는 과정에서 자신이 가진 공포와 불안, 그리고 현실적인 제약 조건들과 만나게 되니까요.
　　공포와 불안은 두 가지입니다. 첫째는 아이가 성인이 되고 난 후의 밥벌이로부터 출발합니다. 학부모들은 좋은 일터와 나쁜 일터, 정규직과 비정규직으로 갈린 노동 신분 사회에서 내 아이가 좋은 일터의 정규직 신분을 획득해야 한다는 장기적 과제를 안고 있습니다. 이 장기적 과제 아래에서 좋은 대학, 좋은 고등학교가 나오고 이것들을 위한 사교육 몰입 필요성이 도출됩니다. 둘째는 아이를 경쟁체제에 몰입시켰을 때의 불안감입니다. 어렸을 때부터 경쟁체제로 편입시키는 것이 올바르냐에 대한 윤리적 불안감은 차치하더라도 우리 아이가 과연 행복하게 자랄 수 있느냐에 관한 것입니다. 스트레스를 주는 것은 아닐까 하는 불안감, 어렸을 때는 그저 즐거웠으면 좋겠다는 바람, 어린 시절의 즐겁고 행복한 기억이 평생을 갈 것이라는 생각들이 우리를 갈팡질팡하게 합니다.
　　또 다른 문제는 현실적인 조건들이 이 공포와 불안을 정식으로 맞닥뜨리도록 할 수도 없다는 점입니다. 한정된 소득으로는 학원을 돌릴 수도, 대안학교를 보낼 수도 없습니다. 현실적인 조건에 개의치 않고 공포와 불안에만 집중해서 아이의 교육에 답을 내릴 수 있는 가정은 그것만으로도 상당히 좋은 조건입니다.

윤석열 대통령이 당선된 제20대 대통령선거의 특징 중 하나는 대입제도에 관한 논쟁이 사라졌다는 것입니다. 물론 공약집에는 나왔습니다만 고민 정도는 이전에 비해 많이 낮습니다. 공정성을 강화하겠다, 정시를 확대하고 수능 난이도를 조절하겠다는 정도가 전부였습니다.

대다수의 사람들이 공정성을 지고지순한 선(善)이라고 인식합니다. 불공정한 것보다야 좋겠습니다만, 공정하기만 하면 모든 문제가 해결될 것이라 믿는 것은 순진합니다. 현재의 상황에서는 입시 공정성이 확보된다고 할지라도 대학의 서열화를 피하기 어렵기 때문입니다. 많은 이들이 주장하는 대학의 서열화 해체는 돈키호테가 노래한 '불가능한 꿈'에 가깝습니다. 대학 입시를 아주 오래 전 중고등학교 입시처럼 거주지에 기초한 소위 '뺑뺑이'로 전환할 수도 없는 일이니까요.

대학의 서열화는 대학 교육과정 전후의 삶에 영향을 미칩니다. 먼저, 출신 학교가 일자리의 질을 좌우하게 됩니다. 혹자는 소위 명문대 간판이 좋은 직장을 보장해주는 시대는 지났다고도 이야기하지만, 반대로 생각할 수도 있습니다. 명문대 출신도 일자리 찾기 어려운데 그렇지 못한 이들이 좋은 일자리를 갖는 건 더 어려워졌다고 말입니다.

출신 대학이 일자리의 질을 좌우한다는 사실을 염두에 둘 때 고등학교 때까지 해야 할 일은 명확해집니다. 좋은 대학에 진학하기 위해서 애를 써야 합니다. 열심히 학원을, 그것도 남들보다 더 좋은 학원, 더 비싼 학원을 다니면서 말입니다.

　　모든 학생들이 더 좋은 학원, 더 비싼 학원을 다닐 수는 없습니다. 가계의 소득과 자산은 모두가 다르기에 그 가계의 상황에 맞는 학원을 다닐 수밖에는 없습니다. 여기서의 '더 좋은'과 '더 비싼'은 비교를 전제로 한 것이니 사교육은 결코 동일하게 이루어질 수가 없습니다. 사교육만이 아닙니다. 공교육인 학교에서도 사립은 국공립보다 더 많은 지출을 요구합니다.

　　결국은 어렸을 때부터 어떤 교육을 받고 자랄 수 있었느냐가 성년 이후의 일자리를 좌우한다고 할 수 있습니다. 즉 어떤 가정에서 태어났느냐, 출생의 운(運)이 일자리까지 결정한다는 것입니다. 물론 경제력이 부족한 집안에서 좋은 대학에 입학하는 것이 불가능한 일은 아닙니다. 하지만 둘 중의 하나 이상이 받쳐줘야 합니다. 머리가 좋거나, 매우 많은 노력을 하거나 말입니다. 이것은 대학 입시가 공정하게 치루어진다고 할지라도 그것만으로는 공정성이 확보될 수 없음을 알려줍니다. 좋은 머리는 타고난 것이기에 그렇지 못한 이들과의 경쟁이 공정하다고는 말할 수 없으며 가계의 경제 상황으로 인해 더 많이 노력해야 한다는 것도 공정한 경쟁이라 할 수는 없습니다. 이솝우화 〈토끼와 거북이〉는 개인 차원에서나 의미가 있을 뿐, 국가사회 공동체 차원에서는 이러한 경기가 잘못된 것이라며 휘슬을 불어야 합니다.

　　그렇다면 어떻게 해야 할까요? 방법은 없을까요? 이러한 문제의식 속에 만난 것이 마이클 센델(Michael J. Sandel)이 〈공정하다는 착각〉에서 제안한 '유능력자 제비뽑기'입니다. 요약하자면 ① 수학능력자들을 선별한 후 ② 그들을 대상으로 한 추첨을 통해 입학생을 선발하자는 것입니다. 수학능력자 선별 과정을 통해 능력주의를 완전히 부정하지 않으면서도 최종적인 선발은 운(運)에 맡기자는 것이죠. 이 제도의 장점에 관한 설명은 마이클 센델의 말을 직접 인용하는 것이 좋겠습니다.

> "유능자를 제비뽑기로 뽑자는 대안의 가장 유력한 근거는 그렇게 함으로써 능력의 폭정과 맞설 수 있다는 점이다. 일정 관문을 넘는 조건으로만 능력을 보고, 나머지는 운이 결정토록 하는 일은 고등학교 시절의 건강함을 어느 정도 되찾아줄 것이다. 적어도 어느 정도는 영혼까지 끌어모아 스펙을 채우고 강박적으로 완벽을 추구하는 경험에서 해방시켜줄 것이다. 또한 능력주의적 오만에서 바람을 뺄 것이다. 결국 어찌되었던 정상에 오른 사람은 오직 자신의 힘만으로가 아니라 운이 좋았던 것이며, 탈락한 사람이나 자신이나 엇비슷한 가정환경과 천부적 재능, 그리고 도덕적 자격을 갖추고 있음이 분명해지기 때문이다."[190]

이러한 선발방식은 마이클 센델의 말처럼 나의 성취가 나만의 재능과 노력으로만 달성되지 않았다는 것을 인식하도록 만듭니다. 나의 성공에 운(運)이 작용했다는 것을, 다른 이의 실패에도 운(運)이 작용했다는 것을 깨닫게 만듭니다. 부수적이지만 중요한 결과로는 이러한 선발방식으로 인해 대학 서열화가 어느 정도 완화될 것이라는 점입니다. A대학에 떨어졌지만 B대학에 붙은 경우, 지금의 입시는 A대학에 입학할 능력을 갖추지 못한 것으로 인식됩니다. 이는 A대학 졸업자의 능력이 B대학 졸업자보다 높다는 인식으로 이어져 학벌주의의 기초가 됩니다. 하지만 '유능력자 제비뽑기' 선발에서는 A대학에 떨어졌지만 B대학에 붙은 경우에 그 원인은 운(運)에 있게 됩니다. 이러한 인식은 학벌주의의 전제를 무너뜨리게 됩니다. 그리고 학벌주의의 힘이 약해진다면 입시를 위한 경쟁 역시 완화될 것입니다.

'유능력자 제비뽑기'를 우리의 현실에서 효과적으로 운영하기 위한 몇 가지 정책 방안을 생각해 본다면 다음과 같습니다.

① 수능시험의 영역별 절대평가화 : 지금의 영어시험처럼 각 과목의 등급을 절대평가하는 것이 요구됩니다. 절대평가는 수험생과 학부모들에게 목표로 하는 대학과 학과를 지원하기 위해 필요한 학습 정도를 대강이나마 예측하도록 만들 수 있습니다. 입시전문가들은 수능을 절대평가로 바꾸면 변별력에 문제가 생긴다고 합니다. 하지만 '유능력자 제비뽑기'에서의 수능은 변별력 확보가 아닌 능력 유무의 확인을 목적으로 하기에 이러한 비판은 무색해질 것입니다.

② 연 2회 이상의 수능시험 실시를 통한 자격고사화 : 수능시험의 목적이 수학능력의 유무 확인에 있으므로 동일한 조건에서의 연 1회 시험은 의미가 없어집니다. 상대평가가 아닌 절대평가이기

에 모든 수험생의 응시도 필요하지 않습니다. 오히려 복수의 시험 기회를 부여하고 영역별 좋은 등급의 성적을 가져갈 수 있게 하는 것이 요구됩니다. 예를 들어 어떤 학생의 수능시험 1차 점수가 [국어 2등급, 수학 4등급, 영어 3등급], 2차 점수가 [국어 3등급, 수학 3등급, 영어 2등급]이었다면, 그는 대학 입시에서 [국어 2등급, 수학 3등급, 영어 2등급]을 제출할 수 있게 됩니다. 또한 어떤 학생이 1차 수능시험에서 국어를 1등급 맞았다면, 2차 수능시험에서는 국어를 응시할 필요가 없게 됩니다.

③ 대학의 전공별 응시 자격 설정 : 대학은 자율적으로 전공에 따라 응시 자격을 설정합니다. 대학은 이 응시 자격을 통해 입학 이후의 교수(教授) 수준을 정할 수 있게 됩니다. 이 응시 자격은 전공에 따라 일원화되어야 하며 사회적 배려자 전형이라고 할지라도 달라질 수 없습니다. 전공을 수학할 수 있는 능력요건이기 때문입니다. 사회적 배려자 등은 응시 자격이 아닌 추첨 단계에서 우선 추첨을 하게 됩니다.

④ 대학의 합격자 선발 : 대학은 ⅰ) 응시자 중 응시 자격을 갖춘 모든 사람을 수학능력자로 걸러낸 후, ⅱ) 수학능력자 중 추첨을 통해 합격자를 선발합니다. 추가합격자 선발은 가능하지만, 그 대상은 이미 걸러진 수학능력자 안에서만 가능합니다. 이는 대학의 무조건적인 응시 자격 상향화를 방지하기 위한 조치입니다.

이 제도에 대해 제기될 반론 중 귀 기울여 들어볼 만한 것은 학업능력 저하에 관한 우려일 것입니다. 마이클 센델은 이에 관해 적어도 상위권 대학에서는 그 수준 차이가 크게 나지 않을 것이라는 개인적 견해를 밝힙니다. 저 역시 같은 생각입니다. 만일 학업 능력 저하가 크게 걱정된다면 수능의 난이도를 조절하면 될 일이기도 합니다. 참고로 2024년 수능 영어과목의 경우 절대평가였음에도 불구하고 1등급의 비율은 4.71%로 상대평가에서의 비율과 유사했습니다.

대학입시제도는 그 자체로 끝나지 않습니다. 민주주의에 결정적인 영향을 미칩니다. 지금 사회에서 단 하나 남은 신분이 학벌이기 때문입니다. 비공식적이지만 어디를 가도 따라붙습니다. 취업에서부터 결혼까지 다 통하는 신분입니다. 명문대 졸업장은 암행어사 마패와도 같고 지방사립대 졸업장은 없애거나 대학원으로 세탁해야 할 빨랫감 같습니다.

만일 대학의 서열이 무너진다면 어떻게 될까요? 사회는 당분간 혼란스러울 것입니다. 당장 기업들은 누구를 채용해야 할지 난감해질 겁니다. 대신 새로운 사람을 접할 때 가지는 선입견은 줄어들 것입니다. 사람을 더 면밀히 살펴볼 수 있게 될 것입니다.

어쩌면 우리에겐 졸업장 탓에 넘겨 짚어버린 사람이 있을지 모릅니다. 사람 자체가 아니라 그에 붙어있는 태그만 확인하고 지나쳐버린 거죠. 옷을 고를 때 브랜드와 가격을 확인하는 것처럼 학벌 덕에 상대방을 상품으로 본 것이지요. 반대도 마찬가지입니다. 상대방에게 우리도 상품화 되었을 테니까요.

부모인 우리의 걱정으로 돌아가 봅시다. 자녀의 미래를 위해 최선의 선택을 하고 싶지만, 그것이 무엇인지 어렵기만 합니다. 학벌주의는 우리의 자녀에게 경쟁에서 승리하라고 압박하니까요. 이러한 현실에서 '유능력자 제비뽑기'라는 제안은 반갑습니다. 이 제도는 능력주의의 폐해를 완화하고, 운(運)의 요소를 도입함으로써 공정성을 재정의하려는 시도입니다. 우리 자녀들을 경쟁의 압박에서 풀어줄 것만 같습니다. 이 제도는 친구를 경쟁자가 아니라 함께 실력을 올려야 할 동료로 인식하게 합니다.

물론 이 제도를 도입하는 데는 여러 도전이 따를 것입니다. 학벌주의가 깊이 뿌리박힌 사회에서 이런 변화를 수용하기란 쉽지 않습니다. 하지만 민주주의를 한 단계 더 진전시키기 위해서는 낯선 변화를 택할 필요가 있습니다. 대학 입시 제도는 단순히 학생들을 선발하는 과정이 아닙니다. 사회 전체의 공정성과 민주주의를 시험하는 전장입니다. 이제 우리는 기존의 사고에서 벗어나 무엇이 민주주의를 완성시킬 수 있을까 고민해야 합니다.

52

노동
조합

　노동을 이야기할 때 언제부턴가 강조되기 시작한 것이 '직장 내 민주주의'와 '일터 민주주의'입니다. 하지만 모든 이들이 이 용어에 흔쾌히 동의하는 건 아닙니다. 일터와 민주주의, 어울리지 않는 단어의 조합 같습니다. '뜨거운 얼음'처럼 말입니다. '민주주의'라는 단어를 남용하는 건 아닐까 의구심도 갖습니다. 이 생각들을 세상만사에 냉소적이기만 한 못난 성격 탓으로 치부해서는 안 됩니다. 그 나름대로 타당성을 지니고 있습니다.

　지금 사회에서 일을 한다는 것은 누군가에게 대가를 받고 그가 원하는 것을 해준다는 의미입니다. 법에서는 '종속노동'이라는 용어를 사용합니다. 내가 받기로 한 돈만큼 나의 자유와 시간을 포기한다는 의미입니다. 일에 관해서는 주종관계가 형성되는 것입니다. 그에 반해 민주주의에서 종속관계는 있을 수 없습니다. 모든 구성원이 주인이기 때문입니다. 민주주의에서 구성원은 서로 대등한 가운데 자신이 가진 자유를 기반으로 다른 구성원과의 협력과 연대에 나섭니다. 이렇게 본다면 일터와 민주주의는 친해질 수 없는 단어입니다. 일터는 기본적으로 종속적인 공간이기 때문입니다.

하지만 생각을 바꾸어 볼 필요도 있습니다. '기본적으로 상하관계가 존재하며 권한과 책임이 분명히 구분되는 공간. 현실의 일터가 이러하기에 더욱 민주주의가 강조되어야 하는 것은 아닐까?'라고 말입니다. '일터 민주주의'라는 용어는 월급을 받는다는 이유 하나로 주인의 자리에서 내려와야 하는 것이 타당한가, 혹은 어느 선까지 내려와야 하는가에 대한 의문을 우리에게 던집니다.

우리는 왜 일터와 민주주의가 친해질 수 없다고 생각하는 것일까요? 혹시 민주주의 여부를 디지털식으로 가름하고 있어서가 아닐까요? 민주주의이거나 민주주의가 아니거나. 하지만 민주주의는 그렇게 판단할 수 있는 제도가 아닙니다. 프랑스혁명을 현대 민주주의의 시작이라고 본다고 하더라도 당시의 제도를 21세기에 가져다 놓는다면 민주주의라고 볼 수 없습니다. 민주주의는 과정이며 지향점이기 때문입니다. 그렇게 본다는 다른 어떤 곳보다 민주주의가 강조되어야 하는 공간이 직장이며 일터입니다.

시민은 노동을 할지라도 시민의 지위를 잃지 않습니다. 정해진 업무시간이라고 하여 시민의 옷을 벗는 것이 아닙니다. 노동자의 옷을 시민의 옷 위에 입습니다. 그러하기에 시민은 종속노동 과정에서도 주인의 지위를 잃지 않게 됩니다.

이러한 생각은 관념에만 머물러 있지 않습니다. 노동법은 시민적 노동이 형상화된 것입니다. 그렇지 않다면 국가가 법률로 최저임금을 정할 필요가 없습니다. 근로시간과 해고를 제한할 필요가 없습니다. 노동법은 노동을 통한 종속의 한계를 설정합니다. 노동법은 민주주의의 기본 이념인 연대를 법으로 보장하고 장려합니다. 헌법은 노동자가 단결하고 기업에 대항해 요구하고 저항할 권리를 보장합니다. 이 권리는 포기할 수도, 방해받을 수도 없습니다. 이를 방해하려는 자는 형벌을 피할 수 없습니다. 노동자의 단결과 연대의 권리는 개인의 계약 위에 존재합니다.

노동자가 만일 생산의 요소에 불과하다면 효율성에 따라 대체될 수 있어야 합니다. 기계처럼 말입니다. 급여를 일제히 올려줄 필요도 없습니다. 필요한 몇몇 노동자만 잡으면 되니까요. 자본이 희망하는 바로 그것. 하지만 그 바람은 꿈에 지나지 않습니다. 노동조합이 있으니까요. 노동조합이 무분별한 해고를 막으며 자본으로 하여금 이윤을 노동자와 나누게 합니다. 노동자는 노동조합을 통해 시민성을 회복합니다.

노동조합이 일터의 민주주의에 관여하는 것은 고용과 임금에 끝나지 않습니다. 노동을 둘러싼 환경을 바꿉니다. 과한 노동시간을 차단하고 성희롱 등 직장 내 괴롭힘을 방지하기 위한 노력을 기울입니다. 노동조합은 일터 내 민주화를 달성하기 위해 조합원을 상대로 설문조사를 실시합니다. 이를 바탕으로 정책을 개발하고 교육을 합니다. 사용자와의 교섭을 통해 사규를 바꿉니다.

　　민주적인 일터를 원하면서 노동조합을 외면하는 것은 불가능합니다. 누군가 바꿔주기를 기대하는 것은 감나무 밑에서 감이 떨어지길 기다리는 것과 같습니다. 조합비가 아까워 노동조합에 가입하지 않는 것은 동료의 연대에 무임승차하겠다는 의지에 불과합니다. 일터 민주주의는 노동조합에서 시작됩니다.

53

우리의
한계

2020년 말 대한민국은 시끄러웠습니다. 조두순이 출소한 것이죠. 피해자와 주민은 두려움에 떨었고 시민들은 반발했습니다. 이에 경찰은 조두순의 집을 24시간 감시하기로 했습니다. 그 주변에는 CCTV가 추가 설치되었죠. 하지만 피해자와 주민의 불안감은 여전합니다.

민주주의적 관점에서의 질문 하나. 흉악 범죄 전과자를 내가 속한 사회의 주인으로 인정해야 할까요? 우리는 시험에 듭니다. 민주주의에 따르면 그 역시 주인이지만, 나는 그와 다른 세계에 살았으면 좋겠습니다. 조두순의 이웃 주민 심정이 이해 갑니다. 그와 어울려 사는 것, 두렵습니다. 민주주의를 실천하겠다는 나의 의지, 진짜일까요? 의지 부족을 탓하지는 맙시다. 민주주의적 삶의 묘미는 주변을 둘러보는 것, 다른 대안을 모색해보는 것이니까요.

　　그의 주변에서 생활하는 것이 왜 걱정스러울까요? 그가 흉악범이기 때문에? 아닙니다. 내가 다칠 가능성 때문입니다. 그가 흉악범이었다 해도 말 그대로 개과천선했다면 그를 받아들이는 것은 문제가 되지 않습니다. 개과천선(改過遷善). 지난날의 잘못이나 허물을 고쳐 올바르고 착하게 된다. 교도행정의 용어로 하자면 재사회화입니다. 재사회화는 형벌의 중요한 목적의 하나입니다. 수형자가 다시 범죄에 빠지지 않도록 하는 것, 준법을 넘어 사회 구성원으로 다시 자리 잡도록 하는 것이 재사회화입니다. 만일 우리가 출소한 범죄자를 안전하다고 생각하지 못한다면 이것은 교도행정에 대한 불신 때문일 가능성이 큽니다.

　　2021년 MBC의 예능 프로그램 〈아무튼 출근〉에서는 교도관의 브이로그가 방송됩니다. 프로그램의 목적은 교도관이라는 직업의 희로애락을 전달하는 것이었는데 방송이 나간 후 시청자들이 주목한 건 실제로 공개된 교도소의 내부 모습이었습니다. 대부분의 반응은 놀라움이 섞인 불만이었습니다. 교도소가 웬만한 고시원보다 나아 보인다, 범죄자에게 좋은 시설을 제공하면 안 된다 등입니다. 범죄자들이 한시라도 편안해서는 안 된다는 댓글도 있었습니다.[19]

　　교도소를 영상 몇 컷으로 알 수는 없습니다. 양심적 병역거부로 인해 교도소를 다녀온 현민의 말처럼 정보는 부족하되 이미지가 강력한 곳이 다름 아닌 교도소입니다.[192] 수감 중인 피고인과의 접견을 통해 개인 블로그에 교도소의 현실을 정리한 김태경 또한 극한의 스트레스를 받는 곳, 철저히 약육강식의 논리가 지배하는 곳이라고 표현합니다.[193]

　　마치 러브하우스처럼 스케치된 방송과 달리 실제의 교도소는 과밀수용이라는 오래된 문제를 풀지 못하고 있습니다. 교도소의 법무부가 정한 혼거실(둘 이상이 사용하는 방)의 최소수용면적은 1인당 2.58㎡지만, 최근 10년간 지켜진 적은 없습니다. 교정시설 과밀수용은 2021년 서울동부구치소의 코로나19 집단감염 사태를 초래했습니다.

　　교정시설 과밀수용은 법무부 입장에서도 곤혹스러울 수밖에 없습니다. 헌법재판소는 2016년 과밀수용에 대한 위헌 결정을 내렸

[그림] 연도별 교정시설 수용정원 대비 수용인원 비율

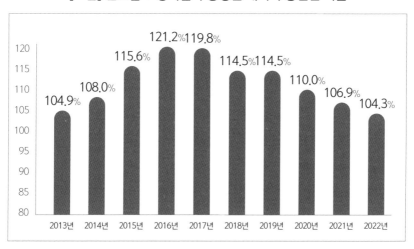

법무부. (2023). 2023 교정통계연보 참조

습니다. 결정요지 일부를 옮깁니다.

> "이 사건의 경우, 성인 남성인 청구인이 이 사건 방실에 수용된 기간 동안 1인당 실제 개인사용가능면적은, 2일 16시간 동안에는 1.06㎡, 6일 5시간 동안에는 1.27㎡였다. 이러한 1인당 수용면적은 우리나라 성인 남성의 평균 신장인 사람이 팔다리를 마음껏 뻗기 어렵고, 모로 누워 '칼잠'을 자야 할 정도로 매우 협소한 것이다. 그렇다면 청구인이 이 사건 방실에 수용된 기간, 접견 및 운동으로 이 사건 방실 밖에서 보낸 시간 등 제반 사정을 참작하여 보더라도, 청구인은 이 사건 방실에서 신체적·정신적 건강이 악화되거나 인격체로서의 기본 활동에 필요한 조건을 박탈당하는 등 극심한 고통을 경험하였을 가능성이 크다. 따라서 청구인이 인간으로서 최소한의 품위를 유지할 수 없을 정도로 과밀한 공간에서 이루어진 이 사건 수용행위는 청구인의 인간으로서의 존엄과 가치를 침해한다."[194]

국가인권위원회는 2021년 11월 법무부장관에게 교정시설 과밀수용에 대한 대책을 마련하라 권고했습니다.[195] 2022년 7월 대법원은 1인당 2㎡ 미만 공간에 수용된 수용자들에게 국가가 위자료를 지급해야 한다고 판결했습니다.[196] 행정부를 감시하는 기관 모두가 과밀수용에 대해 레드카드를 꺼내든 것입니다.

과밀수용은 공간이 부족하다는 문제로 끝나지 않습니다.[197] 헌법재판소가 말했듯 수용자의 인권을 침해합니다. 수형자의 재사회화를 담당하는 교정공무원의 직무 의지를 약화시키고 교정역량을 저하시킵니다. 과밀수용은 사고 발생률 역시 높입니다. 좁은 공간은 수용자들의 갈등과 마찰을 증대시킵니다. 그 해결방식이 민주적일 것이라고는 상상할 수 없습니다. 힘은 위계를 만들고 각인의 교도소 생활을 결정합니다. 과밀수용이 재사회화를 곤란하게 하는 원인으로 작용합니다.

재사회화되었다는 건 다시 사회의 규범에 순응하며 살아가기로 결정했다는 것입니다. 우리가 어떤 그룹에 들어가는 것을 생각해봅시다. 그 집단에 속하면 안전하겠다, 재미있겠다, 내게 도움이 되겠다는 생각이 먼저 들어야 합니다. 그런 생각이 없다면 그 곳에 들어갈 필요가 없습니다. 그냥 살던 대로 사는 게 더 편하죠. 범죄자 역시 똑같습니다. 사회 속으로 들어가겠다고 마음먹으려면 그렇게 사는 것이 나한테 도움이 되겠구나, 좀 더 행복하겠구나 생각되어야 합니다. 그렇지 않으면 사회 규범에 맞추어 산다는 것은 그에게 고역이 됩니다. 배운 게 도둑질인데, 더 힘들게 살려고 배운 걸 다 버리고 새로운 걸 배우겠냐는 의문입니다.

재사회화가 되려면 '사회 속에서 역할을 하며 산다는 게 할만하겠구나.'라는 생각이 들어야 합니다. 교도소에서는 그것을 가르쳐야 합니다. 이건 이론이나 주입식 교육으로 되지 않습니다. 일탈이 머릿속에서부터 비롯되지 않는 것과 마찬가지입니다. 재사회화는 체득되어야 합니다. '내가 사회에서 받아들여질 수 있겠구나.'라는 감(感)을 만들어야 합니다. 이런 의미에서 교도소는 더 쾌적하고 인간

답게 설계되고 운영되어야 합니다. 수형 기간이 자신을 재발견할 수 있는 시간으로 채워져야 합니다. 범죄에 대한 응보는 자유의 박탈로 족합니다. 나머지는 재사회화에 초점을 맞추어 행해져야 합니다. 어차피 같이 살아가야 할 사람이니까요.

대신 형이 종료된 후에도 재범 위험이 높다면 사회로 내보내서는 안 될 것입니다. 교도소 아닌 곳에서 사회와의 격리 조치가 필요합니다. 이탈리아, 독일, 스위스, 오스트리아 등에서는 이미 존재하고 있는 제도입니다. 우리나라 역시 이러한 움직임이 오래전부터 있었습니다. 보호수용법 제정 시도입니다. 법안이 맨 처음 국회에 제출된 시기는 2014년이었습니다. 상습적 살인·성폭력범, 13세 미만 아동 성폭력범에 대해서는 형기가 끝나고서 검사의 청구로 법원이 보호수용을 선고할 수 있도록 하는 내용입니다. 하지만 지금까지 입법되지 않고 있습니다. 국가인권위원회는 반대 의견을 표명했는데, 다음 두 가지 이유였습니다. 보호수용이 자유를 박탈한다는 점에서 형벌과 차이가 없다, 즉 이중처벌금지에 위배된다는 점과 재범 위험성을 판단하는 명확하고 구체적인 기준이 없다는 점이었습니다. 재범 위험성 판단 기준의 구체성, 객관성 및 수용성이야 아무리 강조해도 지나침이 없지만, 보호수용이 형벌과 차이 없다는 점은 함께 검토할 필요가 있습니다. 국가인권위원회의 결정문을 옮겨봅니다.

"위 법안은 과거 구「사회보호법」에 의한 보호감호 대상자들이 최저임금의 1/4에 못 미치던 임금을 지급받던 것을 개선하여, 피보호수용자들에게 최저임금 이상의 임금을 지급하도록 하고 외부통근도 가능하도록 규정하고 있다. 그러나 보호수용 시설을 사업장 인근 외부통근이 가능한 위치에 설치하는 것이 가능한지 여부, 보호감호제도의 집행현실에서 나타난 것처럼 단순 작업을 부과할 경우 현실적으로 최저임금의 보장이 가능할지 여부 및 경우에 따라서는 그것이 과연 적절한 것인지 여부 등에 대하여 좀 더 신중한 검토가 필요하다. 또한, 위 법안은 임금 외 다른 처우에 있어서도, 피보호수용자는 생명이나 건강에 위협이 발생하거나 사회성 함양 또는 건전한 사회 복귀를 위해 필요한 경우가 아니면 독거수용하고, 원칙적으로 횟수의 제한 없이 접견, 서신수수 및 전화통화를 할 수 있도록 하며, 사회성 함양과 개선 교화의 효과를 증대하기 위해 사회체험학습 등 사회적 처우를 실시하고, 필요한 경우 주말과 공휴일을 이용한 48시간 이내의 단기 휴가를 연 2회까지 허가하는 등 구「사회보호법」과 비교할 때 상당한 개선이 있는 것이 사실이다. 그러나, 이렇게 처우를 개선한다고 하여 여전히 자유의 박탈이라는 본질을 벗어날 수 있는 것은 아니라 할 것이다."[198]

저는 이 결정문을 읽으며 혹시 국가인권위원회 위원들이 오히려 인간의 자유를 부정하고 있는 건 아닌지 의심스러웠습니다. 보호수용 여부의 결정은 재범의 위험성에 따라 달라집니다. 재범의 위험성을 좌우하는 것은 당사자의 가치관과 의지입니다. 당사자의 선택으로 다시 범죄를 저지를 것인지가 결정됩니다. 그렇다면 보호수용 여부도 당사자의 자유로운 선택에 달린 것입니다. 보호수용 역시 당사자의 선택에 좌우될 수 있다고 말할 수 있습니다.

다만 국가인권위원회 결정문의 그 다음 부분에도 주목할 필요가 있습니다.

"다른 한편으로는 위 법안이 이러한 처우의 개선을 통해 강력 범죄를 저지른 자에 대하여 최저임금 및 다양한 재사회화의 기회를 제공하게 됨으로써 오히려 가벼운 범죄를 저지른 자의 경우와 형평이 맞지 않게 되는 결과를 초래한다는 측면도 검토할 필요가 있다 할 것이다."[199]

국가인권위원회가 중범죄자와 경범죄자의 처우 형평성을 이야기하고 있습니다, 형평성을 맞출 수 있는 방법이 있습니다. 처우를 좋은 쪽으로든 나쁜 쪽으로든 통일시키는거죠. 그리고 답은 하나입니다. 교도소 수용자의 처우를 향상시켜야 합니다.

교도소 내 처우 향상에 반대하는 목소리 역시 큰 것을 압니다. 교도소가 살만 하다면 죄에 대한 반성을 하지 않을 것이라는 이유입니다. 하지만 우리가 누군가의 생각을 강제로 바꾸지는 못합니다. 설령 바뀌더라도 한순간입니다. 생각은 스스로 바뀌어야 하며 사회는 그럴만한 환경을 조성하는 데 힘써야 합니다. 게다가 징역형이 가하는 제재는 자유 박탈 및 강제 노역입니다. 금고형이라면 그 제재는 자유 박탈에 한정됩니다. 그 외로 가해지는 국가가 직접적으로 행사하든 아니면 국가가 조성한 형벌 환경으로 초래되든 제재는 형벌이 목적하는 응보 바깥의 영역입니다. 현민이 들어갔던 교도소의 4인 혼거방은 2.2평(7.29m2)이었습니다.[200] 국토교통부가 정한 최소주거면적이 4인 가구 13.0평(43m2), 1인 가구 4.2평(14m2)이니 교도소의 시설이 얼마나 열악한지 짐작됩니다.

　서두의 질문으로 다시 돌아갑시다. 범죄자를 우리 사회의 주인으로 인정할 수 있을까? 범죄를 저지른 이와 함께 살아갈 수 있을까? 우리는 긍정도 부정도 하지 못하는 어정쩡한 상태에 있습니다. 불안하고 두려우니까요. 하지만 그것은 개인의 탓이 아닙니다. 이 사회가 범죄자를 주인으로 인정하지 않았기에 벌어진 일입니다. 그에게 자유 의지를 인정하지 않고 없어야 할 존재로만 인식했기 때문입니다.

　범죄를 행했던 이 역시 민주주의 사회의 주인입니다. 우리에게 그의 주인 자격을 박탈할 권한은 없습니다. 형벌은 범죄에 상응한 책임이어야 합니다. 자유를 빼앗건 노역을 부과하건 딱 그만큼이어야 합니다. 협소한 공간 등 부차적인 것으로 인간 이하의 삶을 강요해서는 안 됩니다. 교도소 환경이 개선되어야 하는 또 하나의 이유입니다.

　다만 주인 된 자에게는 그 권리를 정당하게 행사하여야 할 책임이 따릅니다. 만일 이웃을 해할 위험이 있는 경우에는 그를 일반 사회와 격리할 필요가 있습니다. 이것은 형벌이 아닙니다. 타인과 어우러져 살 준비가 되어 있지 않은 이를 사회 속에 내버려 두는 것은 그를 품어야 할 이웃에게도, 또 그 당사자에게도 못 할 짓이기 때문입니다. 이것은 노동시장에 뛰어들기 전 그에 맞는 취업 훈련을 받아야 하는 것과 동일합니다. 만일 사회 속으로 뛰어들기를 원한다면 범죄자는 그렇게 하는 것을 선택해야 합니다. 사회가 요구하는 규범을 지키겠다고, 이웃을 해하지 않겠다고 결심을 해야 합니다. 그게 주인된 도리입니다.

민주적인 삶을 위해 다짐합니다

책을 쓰는 사람으로서 누리는 특권 중 하나는 자신을 성찰할 수 있는 기회를 먼저 얻는다는 것입니다. 원고를 마무리하고 제게 떠오른 질문은 '나는 이해타산을 떠나 살고 있는가?'였습니다.

나는 계산 없이 사람을 만나고 사랑하고 있을까? 관계 속에서 손익을 따지고 있지는 않은가? 이 질문들은 저를 부끄럽게 만들었습니다. 의식했든 그렇지 않든 제 관계들이 이해타산과 무관하지 않다는 걸 깨달았기 때문입니다. 더 심각한 건 내면에 존재하는 취향마저도 이해타산에서 자유롭지 않다는 사실이었습니다. '이익'이라는 잣대가 저의 선호를 재단하고 있었습니다. 결국 취향은 사라지고 숙제만 남은 느낌입니다.

우리는 풍요롭기를 원하지만, 신자유주의적 세계관은 그 소망을 가볍게만 만듭니다. 풍요의 공간은 물질로 채워지고 잃어버린 정신은 우월감 등의 얄팍한 감정으로 대체됩니다. 지속되어왔던 소망, '풍요'는 그 개념에서부터 빈곤에 시달립니다.

언젠가부터 '착하다'는 말의 용례도 분리되었습니다. 나와 먼 사람에게는 긍정적으로 들리지만, 가까운 이에게는 부정적인 뉘앙스가 됩니다. 착하게 살면 좋지만, 나 스스로 그렇게 살고 싶지는 않다는 생각이 듭니다. 타인을 위해 살아가는 것이 그림 속 미덕이 되어버린 시대입니다. 세상은 나 자신만을 생각하라고 부추깁니다. 타인을 위한 삶은 소비와 저축 후에 남는 돈으로 하는 기부 정도로 여겨집니다.

이러한 삶을 이기적이라고 할 수는 없겠지만, 연대적이거나 민주적인 삶이라고 할 수도 없습니다. 민주적으로 산다는 것, 연대하며 산다는 것은 귀찮고 번거로운 일입니다. 신영복 선생님께서 말씀하신 것처럼 타인을 돕는다는 것은 우산을 들어주는 게 아니라 함께 비를 맞는 것입니다. 비를 함께 맞으며 한 편이 되는 과정을 통해 우리는 타인과 연대할 수 있게 됩니다. 민주주의자로 살아가겠다는 결심은 나를 돈이 되지 않는 일에 더 바쁘게 만들겠다는 결단입니다. 저 역시 이 책을 마무리하면서 그렇게 살아보겠다며 큰 숨을 내쉬어 봅니다.

작가가 누리는 또 하나의 특권은 지면을 빌어 감사한 분들께 마음을 전할 수 있다는 점입니다. 우선 김홍영 교수님께 감사드립니다. 박사과정 동안 제가 쓰고 싶은 글을 마음껏 쓸 수 있도록 풀어주신 덕분에 저는 계속해서 책을 낼 수 있었습니다. 공부에서도 강요보다는 신뢰가 효과적이라는 점을 몸소 보여주셨습니다.

무엇보다 아내 김현주에게 감사의 마음을 전합니다. 저는 책에서 전통적 모성 담론을 비판했지만, 우리 부부도 그 영향에서 자유롭지 않았습니다. 그럼에도 아내는 두 아이를 훌륭하게 키워왔고, 이제 새로운 일을 병행하고 있습니다. 제가 일하고 공부하며 글을 쓸 수 있었던 것은 아내의 노동과 헌신 덕분입니다.

마지막으로 저희 가족을 위해 기도하고 계신 부모님들께 감사드립니다. 양정석, 최봉애, 김명희, 홍연숙 네 분 모두 저의 성장을 위해 애써주셨습니다. 표현은 서툴지만, 오늘의 저를 만든 것은 네 분 덕분입니다. 건강하시길 진심으로 바랍니다.

주석

1 이성택, 김소희. (2024. 12. 20). "배신자 나가" 與 '마녀사냥 정치' … "쇄신 목소리 씨가 마른다". 한 국일보, https://www.hankookilbo.com/News/Read/A2024122015290003072

2 2016년 촛불집회의 특징은 다음 논문을 참고하였습니다. 조명선. (2018). 2016 촛불집회와 민주 주의에 관한 연구 (국내석사학위논문). 연세대학교 대학원, 서울; 임미리. (2019). 2016~2017년 촛 불집회의 두 가지 전선에 관한 연구. 기억과 전망, 41, 13-60.

3 조명선. (2018). 2016 촛불집회와 민주주의에 관한 연구 (국내석사학위논문). 연세대학교 대학원, 서울.

4 웬디브라운. (2017). 오늘날 우리는 모두 민주주의자이다. 에릭 아장(편저), 민주주의는 죽었는가: 새로운 논쟁을 위하여(김상운, 양창렬, 홍철기 옮김). 난장.

5 알랭바디우. (2017). 민주주의라는 상징. 에릭 아장(편저), 민주주의는 죽었는가: 새로운 논쟁을 위하여(김상운, 양창렬, 홍철기 옮김). 난장.

6 윤석열 대통령 광복절 경축사. (2023. 8. 15.).

7 '인민'이라는 단어가 터부시되어 온 것은 광복 이후로 보입니다. 북한이 '인민'이라는 단어를 선 점해버렸다고 생각한 것이죠. 실제로 유진오 박사가 국회헌법기초위원회에 제출한 헌법초안에 서는 제2조의 내용은 "한국의 주권은 인민에게 있고 모든 권력은 인민으로부터 발한다"였습니 다. 국회 본회의를 넘어가면서 "대한민국의 주권은 국민에게 있고 모든 권력은 국민으로부터 발 한다"로 수정되었습니다(유진오 (1980). 헌법기초회고록. 일조각.)

8 1863년 11월 19일, 미국 남북 전쟁의 한가운데였던 펜실베이니아 주의 게티즈버그에서 죽은 장병 들을 위한 추도식이 열립니다. 에이브러햄 링컨은 여기서 2분 남짓의 짤막한 연설을 하게 되는 데, 이것이 바로 링컨의 게티즈버그 연설입니다. 그의 가장 유명한 연설이지만, 이런 유명세는 예상 밖이었던 것 같습니다. 연설문 중 한 구절은 이랬으니까요. "세상 사람들은 우리가 여기서 하는 말에 대해 그다지 주목하지도 않을뿐더러 오랫동안 기억하지도 못하겠지만 그분들이 여기 서 이루어 냈던 업적만큼은 결코 잊지 못할 것입니다."

9 유진오. (1980). 헌법기초회고록. 일조각.

10 김성보. (2009). 남북국가 수립기 인민과 국민 개념의 분화. 한국사연구. 144.

11 미국과 캐나다의 국가 구성원 유형 분류는 윤혜선. (2012). 다문화사회의 사회통합을 위한 단초로서의 이민제도의 고찰. 공법학연구, 13(2).

12 신진욱 (2010). 시민, 책세상.

13 구자정. (2013). 데모크라시는 진정 "민주적" 인가?-"공화국" 과의 역사적 길항관계를 통해 본 데모크라시 개념의 재고. 서양사론, 116.

14 최자영. (2003). 고대 아테네 사회신분의 불명확성 및 중첩성. 서양고대사연구, 13.

15 송문현. (2015). 아테네 민주정치의 본질과 그 현대적 의미. 역사와 세계, 48.

16 구자정. (2013). 데모크라시는 진정 "민주적" 인가?-"공화국" 과의 역사적 길항관계를 통해 본 데모크라시 개념의 재고. 서양사론, 116.

17 송문현. (2015). 아테네 민주정치의 본질과 그 현대적 의미. 역사와 세계, 48.

18 노희천. (2017). 아리스토텔레스의 이상 국가의 정체에 관하여. 범한철학, 84.

19 아리스토텔레스. (2020). 정치학(천병희 옮김). 숲.

20 손병석. (1999). 아리스토텔레스에 있어서 민주주의와 데모스 (dēmos) 의 집합적 지혜. 서양고전학연구, 14.

21 노희천. (2017). 아리스토텔레스의 이상 국가의 정체에 관하여. 범한철학, 84.

22 장혜영 의원 보도자료. (2023. 3. 2.). 문재인 정부, 박근혜 정부에 비해 소득불평등 심화.

23 윤승빈. (2017. 5. 4.). 사전투표도 우리에겐 해당 안 돼. 제주신문.

24 전석운. (2015. 8. 3.). 미(美) 대선, 슈퍼리치 300여명이 쥐락펴락⋯ 기부상한 없는 슈퍼팩 논란. 국민일보.

25 CBS 스마트 뉴스팀. (2015. 2. 27.). 박영선 "노무현, '권력이 재벌에 넘어갔다'며 좌절감". 노컷뉴스, https://www.nocutnews.co.kr/news/4374897

26 CBS 스마트 뉴스팀. (2015. 2. 27.). 박영선 "노무현, '권력이 재벌에 넘어갔다'며 좌절감". 노컷뉴스, https://www.nocutnews.co.kr/news/4374897

27 에스트라 테일러. (2020). 민주주의는 없다(이재경 옮김). 반니.

28 이진우. (2021). 불공정사회. 휴머니스트.

29 리처드 울프. (2023). 맑스주의 이해하기(손호중 옮김). 이학사.

30 슬라보예 지젝. (2017). 민주주의에서 신의 폭력으로. 에릭 아장(편저), 민주주의는 죽었는가; 새로운 논쟁을 위하여(김상운, 양창렬, 홍철기 옮김). 난장.

31 이승원. (2017). 민주주의. 책세상.

32 장영수. (2020). 헌법학. 홍문사.

33 라이너 촐. (2008). 오늘날 연대란 무엇인가(최성환 옮김). 한울아카데미; 고원. (2020). 프랑스 혁명 이념 '우애'에 대하여: 한국어 번역 문제와 개념의 역사. 비교문화연구, 60.

34 문지영. (2009). 자유. 책세상.

35 Patterson, O. (1992). Freedom In The Making Of Western Culture. Basic Books.

36 송문현. (2015). 아테네 민주정치의 본질과 그 현대적 의미. 역사와 세계, 48.

37 존 로크. (2019). 통치론(권혁 옮김). 돋을새김

38 문지영. (2004). '자유'의 자유주의적 맥락. 정치사상연구, 10.

39 최봉철. (2019). 밀의 자유제한의 원칙들. 법철학연구, 22(2).

40 존 스튜어트 밀. (2015). 자유론(권기돈 옮김). 웅진씽크빅.

41 Raaflaub, K.A. (2010) , 'Democracy', in Kinzl, K. H. (Ed.). A companion to the Classical Greek world (Vol. 73). John Wiley & Sons. pp 387-415.

42 송문현. (2015). 아테네 민주정치의 본질과 그 현대적 의미. 역사와 세계, 48.

43 송문현. (2015). 아테네 민주정치의 본질과 그 현대적 의미. 역사와 세계, 48.

44 이하에 나오는 터너의 네 가지 평등에 대한 내용은 선우현. (2012). 평등. 책세상. 32-40면을 참고하였습니다.

45 오아름. (2023. 6. 18.). 성추행범이 지은 집 '더 팰리스73' 비싸도 괜찮아?. 파이낸스투데이, http://www.ftoday.co.kr/news/articleView.html?idxno=304208

46 문재인. (2017. 5. 10.). 제19대 대통령 취임사.

47 최필선, 민인식. (2015). 부모의 교육과 소득수준이 세대 간 이동성과 기회불균등에 미치는 영향. 사회과학연구, 22(3).

48 사교육걱정없는세상. (2019. 10. 10.). '영재학교 입학자 출신 중학교 지역 분석' 보도자료.

49 구본창. (2019). 입시 공정성을 넘어 특권 대물림 교육 중단으로. 교육비평, 44.

50 로버트 H. 프랭크. (2018). 실력과 노력으로 성공했다는 당신에게(정태영 옮김). 글항아리.

51 양승광. (2018). 미취업 청년의 노동권 보장에 관한 연구. 성균관대학교 박사학위 논문.

52 이희성. (2004). 각국의 직업선택의 자유와 실질적 보장에 관한 노동법상 고찰. 비교사법, 11(4 (상)).

53 로버트 H. 프랭크. (2018). 실력과 노력으로 성공했다는 당신에게(정태영 옮김). 글항아리.

54 김영훈. (2023). 노력의 배신. 북이십일.

55 선우현. (2012). 평등. 책세상.

56 박시현. (작가). 이재훈. (연출). (2020). 제5화. 런온[드라마]. 메이스엔터테인먼트.

57 선우현. (2012). 평등. 책세상.

58 아마티아 센. (2013). 자유로서의 발전(김원기 옮김). 갈라파고스.

59 라이너 촐. (2008). 오늘날 연대란 무엇인가(최성환 옮김). 한울아카데미.

60 장승혁. (2020). 사회보험과 사회연대. 경인문화사.

61 이하의 내용은 라이너 촐. (2008). 오늘날 연대란 무엇인가(최성환 옮김). 한울아카데미. 33-35 를 참조하였습니다.

62 라이너 촐. (2008). 오늘날 연대란 무엇인가(최성환 옮김). 한울아카데미.

63 예종석, 이상균, 김영미. (2017). 기부 광고에서 수혜자에 대한 책임 귀인이 기부자의 공감과 기부 의도에 미치는 영향. 미디어 경제와 문화, 15(1).

64 주세린. (2023. 3. 6.). 가난은 '활용'될 수 없다, 빈곤 포르노의 실체. 덕성여대신문, https://www.dspress.org/news/articleView.html?idxno=11334

65 에밀 뒤르케임. (2012). 사회분업론(민문홍 옮김). 아카넷.

66 라이너 촐. (2008). 오늘날 연대란 무엇인가(최성환 옮김). 한울아카데미.

67 라이너 촐. (2008). 오늘날 연대란 무엇인가(최성환 옮김). 한울아카데미.

68 고봉진. (2017). '사회와 유기체'에 대한 일고찰 (一考察). 원광법학, 33(4).

69 조보배. (2022). 어린 자녀가 있는 맞벌이 부부의 시간 배분에 관한 연구. 여성연구, 112(1).

70 최지혜, 백경호, 김시원. (2023). 여성의 노동시장 진출이 노동시장구조와 성별 임금격차에 미치는 효과 : 고학력 여성을 중심으로. 노동정책연구, 23(2).

71 이하의 사실관계는 서울동부지방법원 2018. 6. 8 선고 2017고단1506 판결을 참고했습니다.

72 김정우. (2021). 사업체 특성별 산업재해 현황과 과제. KLI패널브리프, (19).

73 권오성. (2022). 중대재해처벌법의 체계. 새빛.

74 에릭 리우, 닉 하우어. (2017). 민주주의의 정원(김문주 옮김). 웅진지식하우스.

75 라이너 촐. (2008). 오늘날 연대란 무엇인가(최성환 옮김). 한울아카데미.

76 라이너 촐. (2008). 오늘날 연대란 무엇인가(최성환 옮김). 한울아카데미.

77 라이너 촐. (2008). 오늘날 연대란 무엇인가(최성환 옮김). 한울아카데미.

78 주경복. (2007). 커뮤니케이션 조건에서 텍스트 수사학의 접근 문제. 한국수사학회 학술대회.

79 라이너 촐. (2008). 오늘날 연대란 무엇인가(최성환 옮김). 한울아카데미.

80 흔한남매, 백난도, 유난희. (2019). 흔한남매 1. 미래엔.

81 이한. (감독). (2023). 달짝지근해: 7510[영화]. 무비락.

82 라이너 촐. (2008). 오늘날 연대란 무엇인가(최성환 옮김). 한울아카데미.

83 박시현. (작가). 이재훈. (연출). (2020). 제13화. 런온[드라마]. 메이스엔터테인먼트.

84 박시현. (작가). 이재훈. (연출). (2020). 제14화. 런온[드라마]. 메이스엔터테인먼트.

85 이하 바이에르츠의 논의는 서유석. (2013). '연대'(solidarity) 개념에 대한 철학적 성찰. 철학논총, 72, 385-407면을 참고하였습니다.

86 서유석. (2013). '연대'(solidarity) 개념에 대한 철학적 성찰. 철학논총, 72.

87 크로포트킨. (2008). 상호부조진화론(구자옥, 김휘천 옮김). 한국학술정보.

88 최영진. (2001). 인의 미학적 해석-측은지심을 중심으로. 유교사상연구, 15, 377면.

89 김홍영, 양승광. (2020). 근로자로서 재직하지 않는 자에 대한 육아휴직 급여의 배제. 노동법연구, 49.

90 강은경. (작가). 정동윤. (연출). (2023). 제8화. 경성크리처[드라마]. 글앤그림미디어 외.

91 노리나 허츠. (2021). 고립의 시대(홍정인 옮김). 웅진씽크빅

92 김주엽. (2023. 9. 10.). '나 혼자 산다' 사회에 보내는 경고신호… 1인가구 자살 고위험 연구 결과. 경인일보, http://m.kyeongin.com/view.php?key=20230908010001429

93 보건복지부, 한국생명존중희망재단. (2022). 자살예방백서.

94 한창수. (2021). COVID-19 시대의 울분과 외로움 관리를 위한 연결성의 중요성. Journal of the Korean Medical Association/Taehan Uisa Hyophoe Chi, 64(6).

95 보건복지부, 〈2022년 고독사 실태조사 결과 발표〉 보도자료(2022.12.14.)

96 유병선, 임주왕, 김주연. (2022). 증가하는 1인가구, 고독사 현황과 대응과제. 복지이슈포커스, 14.

97 변미리. (2015). 도시에서 혼자 사는 것의 의미: 1인가구 현황 및 도시정책 수요. 한국심리 학회지: 문화 및 사회문제, 21(3).

98 여성가족부, 〈'2022년 가정폭력 실태조사' 결과 발표〉 보도자료(2023. 7. 5.자).

99 보건복지부, 〈2022년 아동학대 중 가정 내 발생 81.3%, 부모가 행위자인 경우 82.7%〉 보도자료 (2023. 8. 31. 자).

100 김순남. (2022). 가족을 구성할 권리. 오월의봄

101 박시현. (작가). 이재훈. (연출). (2020). 제16화. 런온[드라마]. 메이스엔터테인먼트.

102 여성가족부. (2021). 가족다양성에 대한 국민인식조사 결과보고서.

103 민법 제779조(가족의 범위) ①다음의 자는 가족으로 한다.

    1. 배우자, 직계혈족 및 형제자매

    2. 직계혈족의 배우자, 배우자의 직계혈족 및 배우자의 형제자매

    ②제1항제2호의 경우에는 생계를 같이 하는 경우에 한한다.

104 김순남. (2022). 가족을 구성할 권리. 오월의봄

105 김순남. (2022). 가족을 구성할 권리. 오월의봄

106 박상길. (2021. 2. 9.). 38년 모셨는데 계모라서 취소라니? 어이없이 날아간 청약몽. 디지털타임
    즈, https://m.dt.co.kr/contents.html?article_no=2021020902109932036010

107 이동수. (2021). 현행 법질서에서의 가족법의 위상과 과제. 비교사법, 28(2).

108 헌법재판소 2005. 2. 3. 선고 2001헌가9 등 결정.

109 헌법재판소 2005. 2. 3. 선고 2001헌가9 등 결정.

110 헌법재판소 2005. 2. 3. 선고 2001헌가9 등 결정.

111 김상용, 안문희. (2022). 등록동반자관계는 혼인제도의 대안이 될 수 있는가?. 중앙법학, 24(3).

112 이재혁. (2023. 4. 26.). 혼인하지 않아도 가족될 수 있다…'생활동반자법' 추진. 메디컬투데이,
    https://mdtoday.co.kr/news/view/1065587170127832

113 이하의 내용은 김상용, 안문희. (2022). 등록동반자관계는 혼인제도의 대안이 될 수 있는가?. 중
    앙법학, 24(3)을 참조하였습니다.

114 백민경. (2024. 1. 21.). '동거 커플'이 더 오래가더라…프랑스 '동거' 커플 역대 최고치. JTBC,
    https://mnews.jtbc.co.kr/News/Article.aspx?news_id=NB12161753

115 김순남. (2022). 가족을 구성할 권리. 오월의봄

116 노현웅. (2021. 2. 19.). 안철수 '퀴어 축제 거부할 권리' 주장…'혐오 조장' 논란 여진. 한겨레,
    https://www.hani.co.kr/arti/politics/assembly/983678.html

117 박시현. (작가). 이재훈. (연출). (2020). 런온[드라마]. 메이스엔터테인먼트.

118 이동옥. (2010). 한국의 장애인 돌봄제도와 모성담론에 관한 연구. 미디어, 젠더 & 문화, 14.

119 박태인. (2019. 4. 19.). 동성애 존중한다는 헌법재판관 7명, 동성혼 찬성은 1명 왜?. 중앙일보,
    https://www.joongang.co.kr/article/23445289

120 박태인. (2019. 4. 19.). 동성애 존중한다는 헌법재판관 7명, 동성혼 찬성은 1명 왜?. 중앙일보,
    https://www.joongang.co.kr/article/23445289

121 민법이 동성혼을 직접적으로 금지하고 있다면 동성혼이 혼인의 무효 또는 취소 사유일 것입니

다. 하지만 혼인 무효 사유는 ① 혼인하겠다는 합의가 없는 경우, ② 양 당사자가 직계혈족인 경우입니다(제815조). 민법은 8촌 이내의 혈족인 경우 역시 무효사유로 보고 있었지만 헌법재판소가 헌법불합치 결정을 내렸습니다(헌법재판소 2022.10.27 선고 2018헌바115 결정). 혼인 취소 사유는 ① 미성년인 당사자가 혼인에 대한 부모의 동의를 받지 못한 경우, ② 양 당사자가 근친인 경우(8촌 이내 혈족, 6촌 이내의 인척 등), ③ 배우자 있는 자와 혼인한 경우, ④ 혼인 생활이 불가능한 사유를 혼인 당시 알지 못 한 경우, ⑤ 혼인하겠다는 의사표시가 사기 또는 강박으로 인했던 경우 등입니다.

122 이하의 내용은 김선화. (2015). 동성혼의 법제화에 관한 고찰. 이화젠더법학, 7(3); 이동훈. (2019). 동성혼의 헌법적 쟁점-헌법해석의 한계. 공법학연구, 20(2); 조홍석. (2023). 현행 헌법상 동성혼인. 공법학연구, 24(4)을 참조하였습니다.

123 헌법재판소 1997. 7. 16. 선고 95헌가6 결정.

124 대법원 2011. 9. 2. 선고 2000스117 결정.

125 대법원 2022. 11. 24. 선고 2020스616 결정, '

126 국가인권위원회. (2017). 기본권보장강화 헌법개정안(연구포럼안) 설명자료.

127 헌법재판소 1990. 9. 10. 선고 89헌마82 결정; 헌법재판소 1997. 7. 16 선고 95헌가6 결정.

128 인천지방법원 2004. 7. 24. 선고 2003드합292 결정.

129 헌법 제10조 모든 국민은 인간으로서의 존엄과 가치를 가지며, 행복을 추구할 권리를 가진다. 국가는 개인이 가지는 불가침의 기본적 인권을 확인하고 이를 보장할 의무를 진다.

130 대법원 2006. 6. 22. 선고 2004스42 결정.

131 헌법 제11조 ①모든 국민은 법 앞에 평등하다. 누구든지 성별 · 종교 또는 사회적 신분에 의하여 정치적 · 경제적 · 사회적 · 문화적 생활의 모든 영역에 있어서 차별을 받지 아니한다.

132 서울고등법원 2023. 2. 21. 선고 2022누32797 판결.

133 대외정책연구원. (2021). 남아공, 일처다부제 입안 계획에 보수층 반발.

134 헌법 제17조 모든 국민은 사생활의 비밀과 자유를 침해받지 아니한다.

135 본문에 소개하지 않은 다른 논거들도 있습니다. 예를 들면, 자녀를 출산할 수 있느냐의 관점에서 보아 동성혼을 혼인으로 보기는 어렵다는 입장입니다. 하지만 이 주장은 너무나 쉽게 반박됩니다. 출산이 국가 입장에서 중요하다고 할지라도 시민 관점에서는 출산을 혼인의 본질로 둘 수는 없기 때문입니다. 이런 사고에 따르면, 자녀를 낳을 수 없는 부부나 나이가 많은 부부도 결혼이 성립되지 않는다고 봐야 합니다. 혼인의 목적을 자녀 출산에만 두는 건 옛날 생각에

불과합니다. 이런 관점을 현대 민주국가의 헌법 해석에 적용하는 것은 적절하지 않습니다.

136 헌법재판소 2005. 2. 3. 선고 2001헌가9 등 결정.

137 황옥경. (2024). 예비부모의 '엄마 됨'에 대한 인식 탐색. 청소년학연구, 31(1).

138 아만다 루제리. (2022. 11. 24.). '모성의 양가성'… 엄마라는 역할에 대한 복잡한 감정. BBC뉴스 코리아, https://www.bbc.com/korean/features-63725503

139 아만다 루제리. (2022. 11. 24.). '모성의 양가성'… 엄마라는 역할에 대한 복잡한 감정. BBC뉴스 코리아, https://www.bbc.com/korean/features-63725503

140 킴 닐슨. (2020). 장애의 역사(김승섭 옮김). 동아시아.

141 이하 프랑스의 모성 강조에 대한 부분은 조청현. (2012). 부르주아 가치관의 보편화 과정: 19 세기 파리지역 탁아소의 모성 교육을 중심으로. 인문과학연구, 35를 참조하였습니다.

142 김택호. (2016). '엄마'라는 문화적 기억의 재현과 수용: 신경숙의 [엄마를 부탁해] 의 경우: 신경숙의 [엄마를 부탁해] 의 경우. 돈암어문학, 30.

143 김택호. (2016). '엄마'라는 문화적 기억의 재현과 수용: 신경숙의 [엄마를 부탁해] 의 경우: 신경숙의 [엄마를 부탁해] 의 경우. 돈암어문학, 30.

144 이동옥. (2010). 한국의 장애인 돌봄제도와 모성담론에 관한 연구. 미디어, 젠더 & 문화, 14.

145 이하 서술하는 모성담론이 장애자녀의 어머니에 미치는 영향은 이동옥. (2010). 한국의 장애인 돌봄제도와 모성담론에 관한 연구. 미디어, 젠더 & 문화, 14를 참고하였습니다.

146 김택호. (2016). '엄마'라는 문화적 기억의 재현과 수용: 신경숙의 [엄마를 부탁해] 의 경우: 신경숙의 [엄마를 부탁해] 의 경우. 돈암어문학, 30.

147 강혜원. (2018). 가족 리얼리티 프로그램과 모성담론 경합. 이화여자대학교 대학원 박사학위논문.

148 강혜원. (2018). 가족 리얼리티 프로그램과 모성담론 경합. 이화여자대학교 대학원 박사학위논문.

149 Hartmann. (1976). Capitalism, Patriarchy, and Job Segregation by Sex. Signs, Vol. 1, No. 3, in Women and the Workplace: The Implications of Occupational Segregation (Spring, 1976), pp. 137-169

150 강혜원. (2018). 가족 리얼리티 프로그램과 모성담론 경합. 이화여자대학교 대학원 박사학위논문.

151 윤택림. (2001). 한국의 모성. 미래인력연구센타.

152 신경아. (2007). 산업화 이후 일-가족 문제의 담론적 지형과 변화. 한국여성학, 23(2).

153 김혜경, 오숙희, 신현옥. (1992). 자본주의적 산업화와 한국가족의 역할 변화. 여성과 사회, 3.

154 강혜원. (2018). 가족 리얼리티 프로그램과 모성담론 경합. 이화여자대학교 대학원 박사학위논문.

155 배은경. (2008). 구술생애사를 통해 본 산업화 시기 한국 어머니의 모성 경험: 경제적 기여와 돌봄노동, 친족관계 관리의 결합: 경제적 기여와 돌봄노동, 친족관계 관리의 결합. 페미니즘 연구, 8(1).

156 강이수. (2007). 산업화 이후 여성노동시장의 변화와 일-가족 관계. 페미니즘 연구, 7(2).

157 김종미. (1999). 주부, 아줌마, 여성운동. 여성과 사회, 10.

158 나성은. (2014). 남성의 양육 참여와 평등한 부모 역할의 의미 구성. 페미니즘 연구, 14(2).

159 박윤주, 김태형. (2017). 문턱에 선 아버지들. 젠더와 문화, 10(2)..

160 강이수. (2011). 남성부양자 가족의 균열과 지속: 변화 경로와 쟁점에 대한 고찰. 가족과 문화, 23(4); 김정환, 이선이. (2014). 한국 30 대 고학력 남성들의 아버지상과아버지 역할 실천방식에 대한 연구. 가족과 문화, 26(3); 조은. (2004). 세계화의 최첨단에 선 한국의 가족-신글로벌 모자녀 가족 사례 연구. 경제와사회, 64.

161 나성은. (2014). 남성의 양육 참여와 평등한 부모 역할의 의미 구성. 페미니즘 연구, 14(2).

162 참고로 한국이 지난 아버지상의 변화 시점은 다른 나라와 비교해 볼 때 그리 늦어보이지는 않습니다. 미국에서도 새로운 아버지상의 출현을 '조용한 혁명'이라는 표현으로 반겼던 시점이 1980년대 초반이었기 때문입니다(정진성. (2009). 한국사회 부성의 구조: 딸들이 기억하는 아버지: 딸들이 기억하는 아버지. 페미니즘 연구, 9(1).).

163 나성은. (2014). 남성의 양육 참여와 평등한 부모 역할의 의미 구성. 페미니즘 연구, 14(2).

164 이재경. (2004). 노동자계급 여성의 어머니 노릇 (mothering) 의 구성과 갈등: 경인지역을 중심으로. 사회과학연구, 12(1).

165 나성은. (2014). 남성의 양육 참여와 평등한 부모 역할의 의미 구성. 페미니즘 연구, 14(2).

166 통계청. (2024. 2. 29.). 〈2023년 4/4분기 가계동향조사〉 보도자료.

167 고등학교 무상교육이 실시되었다고는 하지만 모든 고등학교가 무상은 아닙니다. 이은주 의원실에 따르면 2022년 기준 자율형사립고등학교의 평균 학부모부담금은 연간 826만 4천 원으로 일반고등학교(46만 6천 원)의 18.5배였습니다. 그리고 외국어고등학교의 학부모부담금은 평균 759만 8천 원, 국제고등학교는 평균 489만 9천 원이었습니다(유효송. (2023. 11. 19). "대학 등록금 보다 비싸네"…자사고 1년 학비 3000만원, 일반고 '19배'. 머니투데이, https://news.mt.co.kr/mtview.php?no=2023111915280720692).

168 장윤서. (2023. 6. 7.). '15년째 동결' 대학 등록금…"물가 고려하면 20% 낮아진 것". 중앙일보, https://www.joongang.co.kr/article/25168117

169 권기석, 박세원, 이동환, 권민지. (2021. 11. 19.). '2000만원 들었어요'…등록금보다 비싼 재수학
　　원비. 국민일보, https://www.kmib.co.kr/article/view.asp?arcid=0016483518

170 통계청. (2024. 3. 14.). 〈2023년 초중고 사교육비 조사 결과〉 보도자료.

171 통계청. (2024. 2. 29.). 〈2023년 4/4분기 가계동향조사〉 보도자료.

172 정진호. (2023. 6. 26.). 고소득층 자녀 학원비 월 114만원, 식비·주거비 합친 수준. 중앙일보,
　　https://www.joongang.co.kr/article/25172439.

173 박종서. (2015). 학업자녀가 있는 가구의 소비지출 구조와 교육비 부담. 보건복지 Issue &
　　Focus, 293.

174 정승익. (2023). 어머니, 사교육을 줄이셔야 합니다. 원앤원콘텐츠그룹.

175 최종렬. (2018). 복학왕의 사회학. 오월의봄.

176 오해를 방지하고자 첨언하자면 최종렬 교수의 책 〈복학왕의 사회학〉은 지방대생을 비하하고
　　서열화를 부추기는 책이 아닙니다. 그와는 달리 온 나라를 휩쓸고 간 청년담론에서 지방대생
　　이 소외되었음을 전제로 지방대생의 입장에서 지방대생을 연구하기 위해 쓰여졌습니다. 위 인
　　용문은 인트로에 불과합니다.

177 박경화. (작가). 안판석. (연출). (2024). 제4화. 졸업[드라마]. 스튜디오드래곤.

178 박경화. (작가). 안판석. (연출). (2024). 제3화. 졸업[드라마]. 스튜디오드래곤.

179 황정미. (2018). 한국인에게 가족은 무엇인가. 황해문화.

180 조주은. (2013). 기획된 가족-맞벌이 화이트칼라 여성들은 어떻게 중산층을 기획하는가. 서해
　　문집.

181 박시현. (작가). 이재훈. (연출). (2020). 제14화. 런온[드라마]. 메이스엔터테인먼트.

182 박시현. (작가). 이재훈. (연출). (2020). 제14화. 런온[드라마]. 메이스엔터테인먼트.

183 박시현. (작가). 이재훈. (연출). (2020). 제14화. 런온[드라마]. 메이스엔터테인먼트.

184 마셜 B. 로젠버그. (2022). 비폭력 대화(캐서린 한 옮김). 한국NVC출판사.

185 웬디브라운. (2017). 민주주의 살해하기(배충효 옮김). 내인생의책.

186 강은경. (작가). 정동윤. (연출). (2023). 제10화. 경성크리처[드라마]. 글앤그림미디어 외.

187 김현수. (2023). 괴물부모의 탄생. 우리학교.

188 손고운. (2023. 12. 16). "교권4법이요? 학교 현장이 변한 건 없어요". 한겨레21(1493호), https://
　　h21.hani.co.kr/arti/society/society_general/54826.html

189 이 글은 양승광. (2022. 3. 7.). '유능력자 제비뽑기', 대학입시가 필요하다. 오마이뉴스를 수정하

였습니다.

190 마이클 샌델. 2020. 공정하다는 착각(황규진 옮김). 와이즈베리. 2020.

191 https://www.youtube.com/watch?v=PYt-XP7Ap8I

192 현민. (2018). 감옥의 몽상. 돌베개.

193 https://wlsansrhd.tistory.com/549

194 헌법재판소 2016. 12. 29.자 2013헌마42 결정.

195 국가인권위원회, 2021. 11. 5. 결정 21진정0032900 · 21진정0388301 · 21진정0443701 · 21진정 0501001(병합)

196 대법원 2022. 7. 14. 선고 2017다266771 판결.

197 안성훈. (2017). 교정시설 과밀수용의 문제점과 해소방안. 교정연구, 27(1).

198 국가인권위원회 2014. 12. 8. 결정, 「보호수용법(안)」에 대한 의견 표명.

199 국가인권위원회 2014. 12. 8. 결정, 「보호수용법(안)」에 대한 의견 표명.

200 현민. (2018). 감옥의 몽상. 돌베개.